GEORGES ...

COURS
DE LÉGISLATION
ET
ADMINISTRATION

CHARLES LAVAUZELLE
Éditeur militaire
PARIS — Boulevard Saint-...
Limoges — Rue des Remparts ...

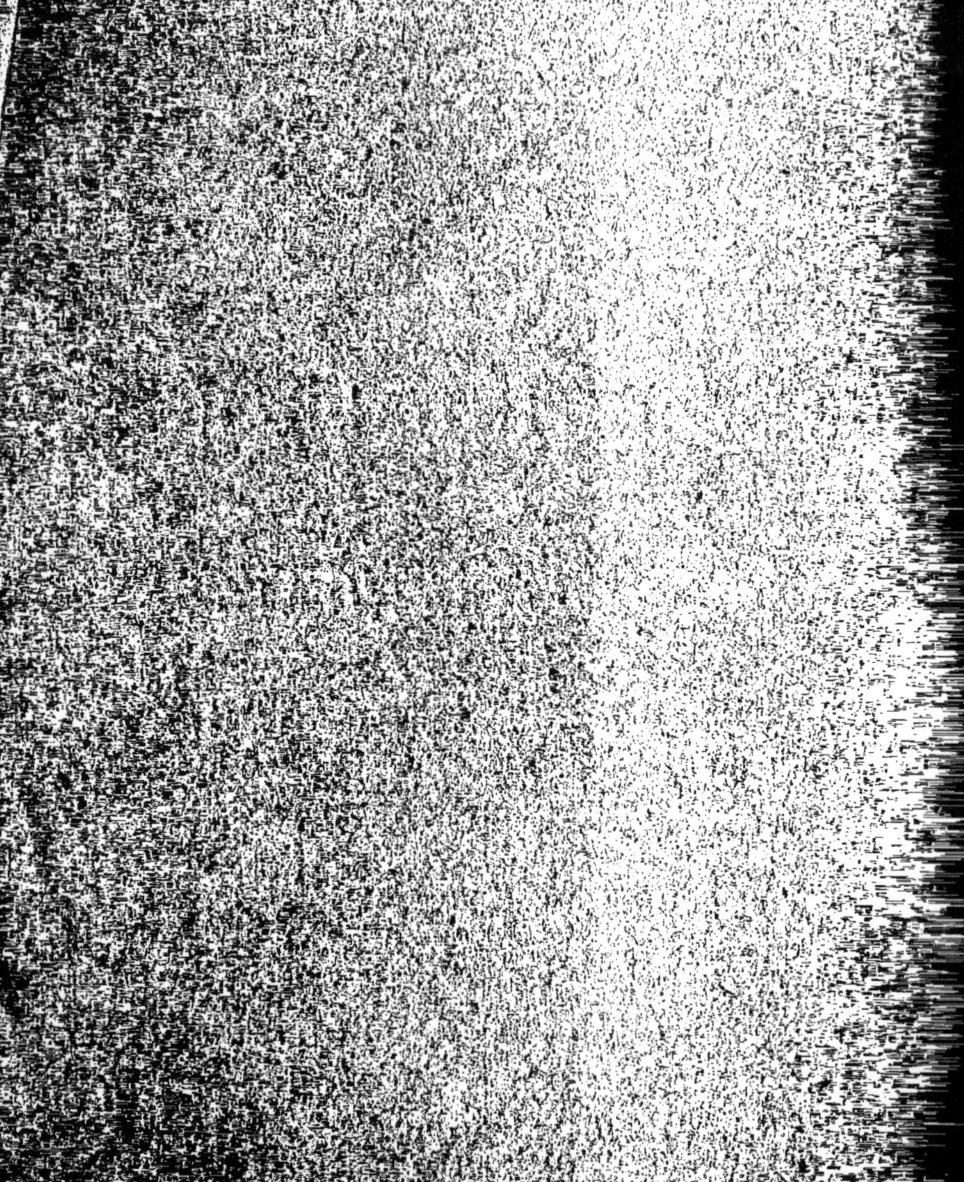

COURS

DE LÉGISLATION ET ADMINISTRATION

COURS

DE LÉGISLATION

ET

ADMINISTRATION

CHARLES-LAVAUZELLE & CIE

Éditeurs militaires

PARIS, Boulevard Saint-Germain, 124

LIMOGES, 62, Avenue Baudin | 53, Rue Stanislas, NANCY

1927

TABLE DES MATIÈRES.

COURS
DE LÉGISLATION ET ADMINISTRATION

PREMIÈRE PARTIE

LÉGISLATION

CHAPITRE PREMIER.

Le Recrutement.

A la suite de nos revers de 1870, le système de recrutement de l'armée française a été modifié de fond en comble. L'armée de métier qui avait fait les campagnes de la Restauration et du Second Empire a été remplacée par une armée vraiment nationale ou, pour employer le terme exact, par la nation armée.

Ce changement nous était imposé par l'attitude de l'Allemagne, qui conservait son organisation militaire et la développait chaque jour.

La Prusse de 1806, vaincue et contrainte de limiter le contingent gardé sous les armes, avait pu se constituer une armée quand même, en renouvelant le plus souvent possible ce contingent. L'œuvre des Scharnhorst et des Blücher fut l'armée prussienne de 1814 et 1815. Notons cependant en passant que le service à court terme ne fut alors qu'un expédient; la vue seule des résultats obtenus amena la militarisation complète du peuple et fit la Prusse de 1864-1866-1870. Vers la même époque, nous avions vu, en France, la création des gardes nationales qui ne furent qu'une parodie d'armée, puis, vers la fin de l'Empire, la loi Niel avait été adoptée et, par elle, la garde nationale mobile avait été constituée sur le papier ou, pour mieux dire, dans les cartons du ministère d'où elle n'était pas sortie. Rien n'était préparé, et, au moment où l'ennemi foulait le sol français, il avait fallu toute l'énergie du gouvernement de la Défense nationale pour constituer une armée.

Aussi, le premier souci du gouvernement de la Troisième République fut-il la création d'une armée apte à assurer la sauvegarde du territoire national.

La loi de 1872 créait, à côté de l'armée active, une réserve et une armée territoriale ; le temps passé dans l'armée active était long et les exemptions nombreuses. Ce ne fut que peu à peu que le nombre des favorisés diminua et que diminua parallèlement le temps de service actif : quatre, puis trois, puis enfin deux ans.

Loi du 21 mars 1905.

La loi du 21 mars 1905 a supprimé toutes les dispenses et a réalisé, pour tous les Français, l'égalité complète de la durée du service actif (deux ans).

Une seule cause d'exemption est admise : l'incapacité physique ; encore la loi établit-elle une distinction entre les jeunes gens qui ne peuvent rendre aucun service à l'armée et ceux qui, *étant atteints d'une infirmité relative, sans que leur constitution générale soit douteuse,* peuvent être utilisés dans le *service auxiliaire.* Ceux-là seront appelés aussi pour deux ans et occuperont des emplois accessoires, laissant leurs camarades mieux constitués à l'instruction militaire.

Les *exclus* de l'armée pour indignité seront laissés à la *disposition* de l'autorité militaire, et soumis à la juridiction des tribunaux militaires *pendant la présence* de leur classe sous les drapeaux.

AJOURNÉS. — Les jeunes gens insuffisamment développés au moment de l'appel et, par suite, impropres au service, sont susceptibles d'acquérir ultérieurement les qualités physiques qui leur font défaut.

Ils peuvent être ajournés à l'examen de l'année suivante et seront alors exemptés, reconnus « bons service armé » ou classés service auxiliaire. Remarquons bien, toutefois, que l'ajournement ne diminue pas le temps de service à accomplir.

SURSIS D'APPEL. — Les dispenses accordées par les lois anté-

rieures sont remplacées par des sursis d'appel renouvelables
jusqu'à 25 ans, sursis qui ne diminuent en rien les obligations
de l'appelé.

Grandes écoles. — Tous les élèves des grandes écoles,
même des écoles militaires, doivent faire, dans les conditions
communes, une année de service dans les corps de troupe.

Les élèves des écoles non militaires accomplissent la
deuxième année exigée par la loi soit comme sous-lieutenant
de réserve, s'ils ont satisfait aux examens d'aptitude à ce grade,
soit comme sous-officier ou soldat dans le cas contraire.

Le même principe est appliqué aux médecins et aux vétérinaires.

Indemnités. — La dispense à titre de soutien de famille
(art. 21) est remplacée par l'attribution aux familles d'une
indemnité (0 fr. 75), mais la loi limite à 8 p. 100 du chiffre du
contingent appelé, le nombre des allocations qui pourront
être attribuées.

Telle était, dans ses grandes lignes, la loi de 1905 ; l'idée
directrice qui avait présidé à son élaboration était « *Assurer
l'égalité des charges militaires entre tous les citoyens valides* ».
C'était la phase dernière d'une évolution qui avait duré des
siècles, et le principe même d'égalité qu'elle posait allait être
respecté lorsqu'en 1913, une modification à la loi de recrutement allait s'imposer.

Loi de 1913.

En 1913, l'hypothèse d'une guerre est devenue une certitude
pour le gouvernement, et la loi de deux ans lui semble impuis-
sante à assurer le salut du pays ; *l'exposé des motifs du projet
de loi* déposé le 6 mars 1913 par le ministre de la guerre de
l'époque, M. Etienne, sur le bureau de la Chambre, disait :

« C'est un devoir pour nous et le premier de ceux qui
incombent à un gouvernement conscient de ses responsabili-
tés de vous soumettre, avec les solutions qu'il comporte, le
problème militaire qui se pose actuellement pour la France »
et il invoque « l'effort à la fois nécessaire et suffisant qui s'im-
pose à l'heure présente », « les nécessités qui ne sont plus
aujourd'hui ce qu'elles étaient hier », « le souci de la sécurité
qui doit primer toute autre considération ». Le gouvernement

veut répondre comme il convient, par des créations de troupes techniques, aux besoins nouveaux révélés par les progrès de chaque jour et par l'expérience des guerres.

Il définit enfin le principe de la nation armée : « *Sauvegarde de notre sécurité par la nation entière, instruite, organisée et armée pour sa défense* ».

Certes, il y a bien loin entre ce que nous envisagions alors et la nation armée telle que l'a faite une guerre de quatre ans ; cependant, la loi de 1913 contient les règles qui ressortissent à ce principe.

Le service militaire est *personnel* ; hors le cas *d'incapacité physique*, il ne comporte *aucune dispense*.

Tout citoyen doit au pays *vingt-huit années* de sa vie et en particulier, quelle que soit sa situation, lui en consacrera *trois* actives ; il fait ensuite partie :

De la réserve de l'armée active pendant onze ans ;
De l'armée territoriale pendant sept ans.
De la réserve de l'armée territoriale pendant sept ans.

Le temps passé dans les deux derniers échelons est augmenté d'un an, et deux vieilles classes se trouvant mobilisables, *l'armée combattante* se trouve augmentée d'autant.

L'incorporation a lieu à 20 ans.

EFFECTIF. — Dans ses deux premiers articles, la loi détermine les effectifs minima des unités des différentes armes; effectif normal, effectif renforcé. Ces fixations, ne pouvaient être modifiées que par les lois spéciales, indépendantes des lois de finances qui engagent les lois des cadres et des effectifs.

De même, la loi fixant à 10 pour 100 le nombre des hommes pouvant être simultanément absents de l'unité ; nous fait constamment aptes à faire face à une agression possible.

EXEMPTÉS. — Pour utiliser au maximun les ressources en hommes, les jeunes gens classés par le conseil de revision dans la catégorie *exemptés* n'y seront maintenus qu'après avoir été examinés par un *conseil de réforme*. Ils devront, en outre, subir l'examen d'un conseil de revision à la date de leur passage dans la réserve de l'armée active (24 ans), cinq ans après cette date, et au moment de leur passage dans l'armée territoriale (35 ans).

AJOURNÉS. — Les *ajournés* doivent, comme les exemptés, être examinés par une *commission de réforme*.

Ils doivent en outre, jusqu'à la limite de quatre années, se présenter devant le conseil de revision. Ceux ajournés une première fois, reconnus bons l'année suivante, font trois ans ; après deux ajournements, les hommes pris par le conseil de revision font deux ans ; après trois ajournements, ceux qui sont pris au quatrième examen font un an ; ceux qui, enfin, après avoir été ajournés quatre fois, sont déclarés bons au dernier examen sont versés dans la réserve et astreints aux périodes de la classe à laquelle ils appartiennent.

SERVICE AUXILIAIRE. — Les jeunes gens classés dans le service auxiliaire sont astreints à trois années de service dans les emplois qu'ils peuvent remplir.

SOUTIENS DE FAMILLE. — De même que celle de 1905, la loi de 1913 accorde aux « *soutiens de famille* » des sursis d'incorporation renouvelables jusqu'à 25 ans. Les allocations aux familles sont maintenues, mais le nombre n'en est plus limité.

Les mêmes sursis sont accordés aux jeunes gens dans l'intérêt de leurs études (ancien article 23).

Enfin, le principe du *recrutement subdivisionnaire* est repris, et la mobilisation s'en trouvera facilitée d'autant.

Telle qu'elle avait été conçue, la loi de 1913 imposait au pays des sacrifices considérables ; votée sous la menace d'une agression de plus en plus imminente, c'était une loi de guerre. Elle nous a permis de nous présenter, au jour de la mobilisation, avec le maximun de chances.

Faite pour la guerre, elle ne pouvait subsister après ; les conditions d'existence de demain serviront de base à la loi nouvelle qui doit suivre l'évolution.

Loi du recrutement de l'armée du 1er avril 1923.

L'armée se recrute :

1º Par appels du contingent annuel ;

2º Par engagements, rengagements et commissions.

La durée totale du service militaire est de vingt-huit années et s'accomplit de la manière suivante :

Service actif : 1 an et demi.
Disponibilité : deux ans.
Première réserve : seize ans et demi.
Deuxième réserve : huit ans.

PRINCIPES.

1° Tout Français doit le service militaire *personnel*.

2° Le service militaire est *égal pour tous*.

3° Le service militaire est *national*; en effet, en temps de paix, nul n'est admis dans les troupes françaises s'il n'est Français ou naturalisé Français.

Toutefois, *les étrangers sans nationalité* résidant en France sont appelés avec leur classe d'âge et incorporés dans les régiments étrangers pour y accomplir le temps de service imposé par la loi. Ceux d'entre eux qui ont été élevés, depuis huit ans au moins, dans une famille française ou dans une école française peuvent être incorporés dans un régiment français.

Les jeunes gens visés ci-dessus qui, par leur classe d'âge, *appartiendraient à des classes mobilisables*, doivent, en cas de mobilisation, se faire inscrire dans les mairies de leur résidence.

4° *Aucune exemption* n'est accordée, hors le cas d'incapacité physique.

5° *Une dispense de six mois de service actif* est accordée au fils aîné d'une famille de 5 enfants et plus appartenant à la classe 1922 ou à une classe postérieure. Si l'aîné ne profite pas de cette disposition, le frère puîné et après lui le troisième, si le deuxième est dans le même cas, et ainsi de suite, jouiront de la réduction. En outre, le temps passé au service comme engagé, rengagé ou commissionné vient en déduction du temps de service à passer dans la disponibilité ou les réserves.

6° *Tout Français non soumis aux obligations militaires peut être requis individuellement*, hors le cas d'incapacité physique *absolue*, pour être employé, en temps de guerre, aux services administratifs ou économiques, et nul ne pourra se prévaloir de sa fonction ou de son emploi pour se soustraire à ces obligations. Les affectés spéciaux, en cas de mobilisation, font partie de l'armée et sont justiciables des tribunaux militaires.

La loi prévoit également, en dehors de la mobilisation, le cas où des circonstances spéciales nécessitent l'appel des affectés spéciaux sous les drapeaux.

Ces hommes seront rappelés sous les drapeaux par décret rendu en Conseil des Ministres et quelle que soit la classe à laquelle ils appartiennent.

Le Gouvernement, dans ce cas, rendra compte aux Chambres immédiatement si elles sont en session et dans les huit jours après leur réunion si elles sont hors session.

7° *le service militaire est un honneur*, les individus jugés indignes de servir dans la masse sont affectés soit aux bataillons d'infanterie légère d'Afrique, soit exclus.

Sont exclus de l'armée, mais mis, d'une part, pour le temps de service actif, et d'autre part, en cas de mobilisation, à la disposition des départements de la guerre et des colonies :

A) Les individus condamnés à une peine criminelle ;

B) Ceux qui, condamnés à deux ans de prison et au-dessus, ont été frappés de l'interdiction de tout ou d'une partie de l'exercice des droits civiques, civils ou de famille ;

C) Les relégués collectifs ou individuels ;

D) Les individus condamnés à l'étranger pour crime ou délit puni par la loi pénale française d'une peine criminelle ou d'emprisonnement de deux ans au moins, après constatation du tribunal correctionnel du domicile des intéressés, de la régularité et de la légalité de la condamnation ;

E) Les individus condamnés à trois mois de prison pour provocation à la désertion et pour manœuvres ayant pour but de provoquer ou de favoriser l'insoumission ;

F) Les individus condamnés deux ou plusieurs fois et dont la durée totale des condamnations est de trois mois au moins pour diffamation ou injures envers l'armée de terre ou de mer, ou pour provocations adressées à des militaires dans le but de les détourner de leurs devoirs militaires et de l'obéissance qu'ils doivent à leurs chefs.

Sont incorporés dans les bataillons d'infanterie légère d'Afrique, sauf décision contraire du Ministre de la guerre :

a) Les individus reconnus coupables de crimes et condamnés seulement à l'emprisonnement ;

b) Ceux qui ont été condamnés correctionnellement à six mois d'emprisonnement, pour blessures ou coups volontaires, ou violences contre les enfants ;

c) Ceux qui ont été condamnés correctionnellement à un mois de prison au moins pour : outrage public à la pudeur, vol, délit de recel, escroquerie, abus de confiance, attentat aux mœurs ;

d) Ceux qui ont été condamnés correctionnellement pour avoir fait métier de souteneur, quelle que soit la durée de la peine ;

e) Ceux qui ont été l'objet de deux ou plusieurs condamnations dont la durée totale est de trois mois au moins, pour rébellion ou violences envers les dépositaires de l'autorité et de la force publique ;

f) Ceux qui ont été l'objet de deux ou plusieurs condamnations dont la durée totale est de trois mois au moins, pour l'un des délits spécifiés, au paragraphe *b*) ci-dessus (coups et blessures volontaires, violences contre enfants) ;

g) Ceux qui ont été l'objet de deux ou plusieurs condamnations dont la durée totale est de trois mois au moins, pour l'un des délits prévus articles 269 à 276 inclus du Code pénal ;

h) Ceux qui ont été l'objet de deux ou plusieurs condamnations dont la durée totale est de trois mois, pour filouterie d'aliments ;

i) Ceux condamnés deux ou plusieurs fois, quelle que soit la durée des condamnations, pour outrage public à la pudeur, vol, délit de recel, escroquerie, abus de confiance, attentats aux mœurs.

En outre, les individus qui se trouvent, au moment de l'appel de leur classe, dans un établissement pénitentiaire sont incorporés dans les bataillons d'infanterie légère d'Afrique à l'expiration de leur peine pour y accomplir le temps de service prévu par la loi.

Pour les condamnations se rapportant aux prescriptions qui précèdent prononcées à l'étranger, il n'en est tenu compte qu'après constatation par le tribunal correctionnel du domicile du condamné de la régularité et de la légalité de la condamnation.

j) Toutefois les militaires condamnés, avant leur incorporation, à une peine d'emprisonnement de moins de six mois, pour coups et blessures volontaires ou à une peine de moins d'un mois pour outrage public à la pudeur, vol, recel, etc... peuvent être, en cas d'inconduite grave, après un délai minimum de trois mois, envoyés dans un bataillon d'infanterie légère d'Afrique (décision du Ministre de la guerre, sur la proposition du général commandant de corps d'armée).

Peuvent être également envoyés dans les bataillons d'infanterie légère d'Afrique, après les mêmes délais de trois mois, les militaires qui, par des fautes réitérées contre les règlements militaires ou leur mauvaise conduite, portent atteinte à la discipline, et constituent un danger pour la valeur du corps de troupe dont ils font partie (proposition du chef de corps, sur avis conforme d'un conseil de discipline et décision du Ministre de la guerre).

Si le temps de service à accomplir est inférieur à quatre mois, le militaire est envoyé dans une section spéciale pour terminer son temps de service.

La loi prévoit le cas où des militaires incorporés dans les sections spéciales ou les bataillons d'Afrique, peuvent se racheter, soit par leur belle conduite devant l'ennemi, soit par un autre acte de dévouement, soit encore par une conduite exemplaire pendant six mois dans les sections spéciales ou neuf mois dans les bataillons d'Afrique. Ces militaires peuvent, dans ces conditions, être renvoyés dans un corps de troupe ordinaire par décision du Ministre, sur la proposition du chef de corps.

Le militaire versé aux bataillons d'infanterie légère d'Afrique pour faute militaire est réintégré dans un corps de troupe ordinaire, s'il est l'objet d'une citation à l'ordre.

8° *Nul n'est admis comme fonctionnaire ou agent dans une administration de l'Etat*, des départements et des communes ni ne peut être investi des fonctions publiques, même électives, s'il ne justifie avoir satisfait aux obligations imposées par la loi sur le recrutement.

Le temps passé sous les drapeaux compte, pour ces fonctionnaires ou agents, pour l'avancement et la retraite.

9° En temps de guerre, *tout corps organisé sous les armes est soumis aux lois militaires*, fait partie de l'armée et relève des Ministres de la guerre ou de la marine (francs-tireurs).

Il en est de même des corps de vétérans que le ministère est autorisé à créer en temps de guerre, et qui seraient recrutés par voie d'engagements parmi les hommes ayant accompli la totalité de leur service militaire.

10° Les militaires et assimilés de tous grades et de toutes armes des armées de terre et de mer, ne prennent part à aucun vote quand ils sont présents à leur corps, à leur poste ou dans l'exercice de leurs fonctions.

Ceux qui, au moment des élections, sont en non-activité, congé, résidence libre, peuvent voter.

Il en est de même des officiers qui sont en disponibilité ou dans le cadre de réserve.

Cas d'incapacité physique. — Le conseil de revision classe les jeunes gens, au point de vue de l'aptitude physique, en quatre catégories :

1° Ceux qui sont reconnus bons pour le *service armé*;

2° Ceux qui, étant atteints d'une infirmité relative, sont bons pour le *service auxiliaire*;

3° Ceux qui, étant d'une constitution physique trop faible, *sont ajournés à un nouvel examen*;

4° Ceux chez qui une constitution trop mauvaise, ou certaines infirmités déterminent une impotence fonctionnelle totale ou partielle, et *qui sont exemptés de tout service militaire soit armé, soit auxiliaire.*

Les *ajournés ou réformés* sont pourvus d'un livret individuel, qu'ils sont tenus de présenter à toute réquisition des autorités civiles, militaires, judiciaires, pour justifier de leur situation.

Réformés et auxiliaires. — Les hommes classés auxiliaires ou réformés sont astreints à se présenter, et à subir l'examen d'une commission de réforme :

1° A la date du passage de leur classe dans la disponibilité;

2° Cinq ans après la visite précédente;

3° Cinq ans après la seconde visite.

Les exemptés et réformés qui présentent des infirmités, maladies ou mutilations irrémédiables sont dispensés de ces trois visites.

En outre, les hommes du *service auxiliaire* sont astreints, pendant la durée de leur service actif, à subir, au bout de *six mois* et au bout d'*un an*, l'examen d'une commission de réforme. Les hommes de cette catégorie reconnus, à l'un quelconque de ces examens, aptes au service armé sont immédiatement classés dans cette catégorie. Les exemptés ou réformés reconnus aptes au service militaire sont immédiatement soumis aux obligations de leur classe d'âge.

Ajournés. — Les hommes ajournés par les conseils de revision à un nouvel examen, doivent comparaître à nouveau devant le conseil de revision du canton devant lequel ils ont comparu, à moins qu'ils ne soient autorisés à comparaître devant un autre conseil.

Ceux qui, lors de ce *deuxième examen*, sont reconnus aptes au service armé ou au service auxiliaire, font un an et demi de service. Ceux qui ne sont pas susceptibles d'être classés ni « bon service armé » ni « bon service auxiliaire » sont ajournés ou exemptés.

Les ajournés comparaissent l'année suivante; si, à la suite de ce *troisième examen*, ils sont reconnus aptes au service armé ou au service auxiliaire, ils font un an de service. Ceux qui ne sont pas classés « bons service armé ou service auxiliaire » sont exemptés ou ajournés; à la suite du *quatrième examen*, auquel ces ajournés sont astreints s'ils sont reconnus bons, ils font six mois de service. Les autres sont définitivement exemptés.

Les ajournés reconnus bons pour le service armé ou le service auxiliaire, comme les réformés temporaires, sont, après leur passage dans la première réserve, astreints aux obligations de leur classe d'âge.

Sursis. — La loi accorde des sursis dans les cas suivants :

Lorsque deux frères sont appelés la même année, l'un d'eux, le plus jeune en cas de désaccord, peut obtenir, sur sa demande, un sursis lui permettant de n'accomplir son service actif qu'après l'expiration du temps de service de son frère aîné. Il en est de même lorsque, lors des opérations du conseil de revision, l'appelé a un frère sous les drapeaux.

Le sursis accordé peut être également résilié, sur demande de l'intéressé au bureau de recrutement.

En temps de paix, des sursis d'incorporation d'un an, renouvelables d'année en année jusqu'à 25 ans, peuvent être accordés, sur demande, aux jeunes gens qui sont dans la situation de soutiens de famille ou qui, soit dans l'intérêt de leurs études, soit pour leur apprentissage, soit pour les besoins de l'exploitation agricole, industrielle, commerciale à laquelle ils se livrent, soit pour leur compte personnel, soit pour le compte de leurs parents, établissent qu'il est indispensable qu'ils ne soient pas enlevés immédiatement à leurs travaux. Indépendamment de ces sursis renouvelables, *des sursis de six mois, pour fin d'études peuvent être accordés une fois*, pour faire coïncider la fin des sursis avec la fin de la période scolaire; l'incorporation a lieu, dans ce cas, avec l'incorporation du deuxième contingent.

Des sursis pour études sont accordés jusqu'à 27 ans aux étudiants en médecine, pharmacie, chirurgie dentaire, élèves vétérinaires.

Dans aucun cas, les sursis d'incorporation ne confèrent de dispense.

Après accomplissement du service actif et du service de la disponibilité, les sursitaires suivent le sort de leur classe d'âge.

En temps de guerre, l'échelle des sursis est suspendue ; les bénéficiaires sont appelés avec leur classe d'âge.

ALLOCATIONS. — Les familles des militaires qui, avant leur incorporation, remplissaient les devoirs de soutiens de famille, auront droit à une allocation journalière fournie par l'Etat.

Le nombre des allocations ne pourra dépasser 10 p. 100 du contingent appelé.

Elles sont accordées dans l'ordre suivant :

Aux familles nécessiteuses des jeunes gens appelés au service militaire qui sont mariés et pères de famille, ensuite aux veuves et aux familles de quatre enfants et plus, et enfin aux autres familles nécessiteuses.

L'allocation est de 1 fr. 60, majorée, pour chaque enfant de moins de 16 ans à la charge du soutien de famille, de 0 fr. 60 pour le premier, de 0 fr. 70 pour le second, de 0 fr. 80 pour le troisième, 1 franc pour le quatrième et 1 franc plus 0 fr. 20 pour chaque enfant en sus du quatrième.

Pour les familles résidant hors de France, les tarifs sont fixés par décret.

Les familles des engagés ont droit également à cette allocation mais seulement pendant la durée légale du service obligatoire.

Les familles des militaires qui, pendant leur présence sous les drapeaux, justifient de leur qualité de soutiens indispensables de famille perçoivent ces mêmes allocations. Leur nombre ne doit pas dépasser 2 p. 100 ; pour les périodes des réservistes, 12 p. 100.

Périodes. — Les hommes de la disponibilité de la première réserve sont astreints à prendre part à des périodes d'exercices fixées par le Ministre, sans que leur durée totale puisse excéder huit semaines.

Les militaires non officiers qui ont accompli au moins cinq ans de service sont dispensés de ces périodes.

Les militaires de la deuxième réserve peuvent être astreints à des exercices spéciaux dont la durée n'excédera pas sept jours. Cependant, dans des circonstances spéciales, le Gouvernement est autorisé à conserver provisoirement sous les drapeaux et au delà de la période réglementaire, les militaires appelés pour accomplir une période d'exercices, ou encore les militaires de la fraction de la classe qui a terminé ses dix-huit mois de service. Le Gouvernement en rend compte immédiatement aux Chambres si elles sont en session, ou dans les huit jours après leur réunion, si elles sont hors session.

Tout homme des réserves, à la naissance d'un enfant, passe de droit dans la classe de mobilisation dont le millésime est inférieur de deux unités à celui de sa classe.

Tout réserviste père de quatre enfants vivants passe de droit et définitivement dans la deuxième réserve.

Les pères de six enfants vivants sont et demeurent affectés à la dernière classe de la deuxième réserve. Aucune autre dispense ne peut être accordée.

Permissions. — Les militaires, au cours de leur service actif, auront droit à vingt-cinq jours de permission. Les chefs de corps pourront porter à trente-cinq jours ce nombre, pour récompenser les hommes ayant une bonne conduite.

Punitions. — Seront maintenus au corps après la libération des hommes de leur contingent, les militaires qui auront encouru des punitions de prison ou d'arrêts de rigueur d'une durée supérieure à huit jours (cas des sous-officiers).

Réduction totale ou partielle peut être accordée, si ces militaires ont eu une bonne conduite.

Engagements, rengagements, commissions. — Tout Français, âgé de 18 ans au moins, peut, en temps de paix, contracter un engagement dans l'armée métropolitaine et coloniale ; pour cette dernière arme, l'engagement devra permettre d'envoyer l'engagé aux colonies, à partir de l'âge de 20 ans, pour une période de deux ans.

En temps de guerre, l'engagement pourra être contracté à 17 ans.

La loi accorde, en outre, aux militaires la faculté de se faire commissionner, après cinq ans de service actif, et pour une durée de dix ans. Après quinze ans de service, cette commission peut être renouvelée jusqu'à vingt-cinq ans de service, par périodes de cinq ans.

Des avantages spéciaux, consistant en primes, hautes payes, pécules et emplois civils, sont faits aux militaires engagés ou rengagés qui remplissent un temps de service supérieur à la durée légale.

En effet, tout militaire qui aura accompli comme engagé ou rengagé, sous le régime de la présente loi, de cinq à dix années de service ininterrompu pourra recevoir, au moment où il quittera l'armée, un pécule de 5.000 à 10.000 francs.

Les militaires déjà présents sous les drapeaux pourront, eux aussi, avoir droit à ce pécule, à condition qu'avant l'expiration du contrat en cours, ils contractent un rengagement de trois ans au minimum, ne portant pas la durée de leur service à plus de quinze ans ; avec ce pécule, l'intéressé pourra acheter une propriété rurale, et un prêt pourra lui être consenti par une caisse de crédit agricole.

L'attribution du pécule entraîne, pour le bénéficiaire, renonciation à tous droits à l'emploi civil, au rengagement ou à la commission. Un droit d'option est conservé pendant six mois à l'intéressé, aussitôt sa libération.

RECRUTEMENT DES CADRES. — Les jeunes gens admis dans les écoles militaires assurant le recrutement des officiers de carrière, contractent un engagement d'une durée égale au temps qui doit s'écouler jusqu'à leur sortie de ces différentes écoles, augmentée de six ans.

L'engagement est résilié pour ceux qui quittent l'école ou ne réussissent pas à l'examen de sortie. Les premiers doivent parfaire dans un corps de troupe la durée légale du service comme soldat ou comme sous-officier ; les seconds sont astreints à une année de service dans un corps de troupe où ils entrent comme soldat.

Les jeunes gens ayant satisfait aux examens de sortie sont nommés sous-lieutenants dans l'armée active.

Les élèves de Polytechnique qui, ayant satisfait aux examens de sortie, sont classés dans un service civil de l'Etat, sont autorisés à donner leur démission d'officier d'active, au bout d'un an de service accompli en cette qualité, partie à l'école d'application, partie dans un corps de troupe. Ils sont alors versés dans le cadre des officiers de réserve.

S'ils quittent le service de l'Etat avant la fin de l'engagement prévu, ils sont tenus de compléter dans l'armée active, comme

officier de réserve, la durée intégrale de cet engagement.
L'engagement est résilié également pour les jeunes gens qui,
ayant réussi aux examens de sortie, n'ont pas obtenu les
emplois demandés par eux ; ils ne sont pas nommés officiers
d'active, mais ils accomplissent, à leur sortie de l'école, une
année de service, dont six mois dans un peloton d'élèves officiers de réserve à la fin desquels ils se présentent au concours
d'officiers de réserve. Ils terminent ensuite leur année de service dans un corps de troupe, où ils sont admis comme officiers
de réserve, sous-officiers ou soldats, suivant le résultat du concours.

L'engagement n'est pas résilié pour les jeunes gens qui
entrent à l'Ecole polytechnique après la limite d'âge ordinaire.

Officiers de complément. — Peuvent être nommés officiers
de complément :

1° Les militaires ayant servi comme officiers dans l'armée
active;

2° Les sous-officiers ayant accompli au moins cinq ans de
service, ou suivi les cours d'un des pelotons d'élèves officiers
de réserve et subi avec succès le concours d'officiers de
réserve;

3° Les sous-officiers ayant obtenu le brevet de chef de section. Le nombre d'officiers de réserve de cette catégorie à
admettre chaque année est fixé par le Ministre; ce nombre ne
peut être inférieur au dixième des places disponibles.

Cours E. O. R. — Tous les Français engagés, appelés ou
devançant l'appel peuvent demander, à leur entrée au corps,
leur admission au peloton préparatoire au peloton d'élèves
officiers de réserve; l'admission est prononcée après examen
spécial.

La durée du peloton préparatoire est de six mois, suivis d'examen pour être admis au peloton d'élèves officiers de réserve.

La durée du peloton d'élèves officiers de réserve est de six mois,
suivie d'un concours à la suite duquel, s'ils sont admis, les
élèves sont nommés officiers de réserve ou sous-officiers, et
terminent en cette qualité leur temps de service.

Les engagés et rengagés peuvent se présenter au concours
d'admission au peloton d'élèves officiers de réserve qui pré-
cède d'un an l'expiration de leur contrat.

Cours de préparation militaire supérieure. — Ces cours

sont donnés dans les établissements de tous ordres, écoles civiles, facultés, universités, instituts, etc... dans lesquels le niveau moyen des études est jugé suffisamment élevé. Leur programme portant sur deux années d'études, ils ont pour but la formation de futurs officiers de réserve.

Les jeunes gens ayant suivi les cours de ces établissements qui, en fin de scolarité :

1° Ont acquis le brevet de préparation militaire supérieure ;

2° Ont acquis le brevet ou le diplôme délivré par l'un de ces établissements,

sont admis de droit, sur leur demande, dans un peloton d'élèves officiers de réserve au moment de l'incorporation du demi-contingent du second semestre.

Ils sont autorisés à se présenter au concours d'officiers de réserve après six mois de présence au peloton ; s'ils sont nommés officiers ou sous-officiers de réserve, ils terminent en cette qualité un an de service actif. S'ils n'obtiennent pas la moyenne pour être nommés officiers, ils rentrent dans la règle commune et terminent leurs dix-huit mois de service actif.

Tout jeune Français âgé de plus de 18 ans, pourvu du brevet de préparation militaire supérieure, qui n'a pas satisfait aux conditions de scolarité requises pour entrer de droit dans un peloton d'élèves officiers de réserve peut se présenter, avant son incorporation, au concours d'admission à un peloton d'élèves officiers de réserve.

S'il est reçu et si, après six mois de peloton, il est nommé officier de réserve ou sous-officier, il termine en cette qualité un an de service actif, sinon il termine dix-huit mois de service actif.

Le nombre de places de sous-lieutenants de réserve est fixé par le Ministre.

Les candidats sont nommés sous-lieutenants par ordre de classement, jusqu'à concurrence des places disponibles.

Les candidats classés immédiatement après ceux-ci sont nommés sous-officiers en surnombre de l'effectif des sous-officiers dans un corps de troupe.

Les candidats qui n'ont pas la moyenne fixée, terminent leur service actif comme simples soldats. Ils peuvent être ultérieurement nommés caporaux, brigadiers ou sous-officiers.

Les étudiants en médecine, pharmacie, art dentaire et élèves des écoles vétérinaires accomplissent leur temps de service actif *dans le service de santé ou le service vétérinaire.*

Il est institué, dans les facultés ou écoles, une préparation militaire supérieure spéciale ; *elle est facultative.*

Les étudiants ou anciens étudiants qui, en fin de sursis, ont obtenu le brevet de préparation militaire supérieure spéciale accomplissent :

A. — Un an de service, dont six mois comme médecins, pharmaciens, dentistes, vétérinaires auxiliaires et six mois comme pharmaciens aides-majors de 2ᵉ classe, s'ils sont docteurs en médecine ou nommés, au concours, internes titulaires des hôpitaux des villes de facultés et pourvus de 16 inscriptions validées, ou pourvus du diplôme de pharmacien, chirurgien dentiste ou vétérinaire civil.

B. — Un an de service actif comme médecins, pharmaciens, etc., auxiliaires s'ils sont seulement : possesseurs de 12 inscriptions validées en médecine, ou possesseurs de 8 inscriptions validées en pharmacie, ou possesseurs de 8 inscriptions validées en chirurgie dentaire, ou admis en 4ᵉ année dans une école vétérinaire.

Les autres élèves qui n'ont pas le brevet de préparation militaire supérieure spéciale sont incorporés pour dix-huit mois dans une section d'infirmiers s'ils sont étudiants en médecine, pharmacie ou chirurgie dentaire, et dans un régiment monté s'ils sont élèves vétérinaires.

S'ils rentrent dans les catégories A et B, ils suivent pendant six mois des cours d'application spéciaux et terminent dix-huit mois de service actif :

Ceux des catégories A, six mois comme médecins, etc... auxiliaires et six mois comme aides-majors de réserve de 2ᵉ classe;

Ceux des catégories B, comme médecins ou vétérinaires auxiliaires.

Officiers de réserve. — Les officiers de réserve sont tenus de demeurer officiers de réserve et de rester, en cette qualité, à la disposition du Ministre de la guerre jusqu'à leur passage dans la deuxième réserve. Les officiers de réserve et les sous-officiers nommés après avoir subi le concours d'officiers de réserve et qui ont accompli douze mois de service actif (élèves de la préparation militaire supérieure, étudiants en médecine, etc...) peuvent être convoqués pour des périodes d'exercices dont le nombre et la durée sont fixés par le Ministre, sans que leur durée totale puisse excéder quatre mois.

Les officiers de réserve peuvent accomplir sur leur demande, les années où ils ne sont pas convoqués, des périodes de quinze jours avec solde.

La durée de ces périodes volontaires peut être portée à trente jours pour les officiers ou sous-officiers de réserve faisant partie des pilotes de l'aéronautique militaire.

CHAPITRE II.

L'encadrement des réserves.

Organisation des cadres de réserve de l'armée de terre.

(Loi du 8 janvier 1925.)

Le rôle considérable joué par le cadre de réserve dans la dernière guerre, et celui de plus en plus important qu'il serait appelé à jouer dans la nation armée d'aujourd'hui et de demain, ont amené le législateur à donner à ce cadre un statut plus complet et plus précis que le décret de 1878 : c'est là le but de la loi du 8 janvier 1925.

Notons d'abord le changement d'appellation ; les officiers ne seront plus des *officiers de complément*, mais des *officiers de réserve*, qui seront chargés, concurremment avec les gradés de l'active, de l'encadrement de la nation mobilisée. Cet encadrement sera complété par des sous-officiers de réserve, auxquels la loi donne aussi un statut, et une catégorie entièrement nouvelle : les *assimilés spéciaux*.

Nous examinerons successivement ce qui a trait :

1º Aux officiers de réserve ;

2º Aux assimilés spéciaux ;

3º Aux sous-officiers de réserve.

Les officiers de réserve.

RECRUTEMENT.

Les officiers de réserve se recrutent :

1º Parmi les officiers de l'armée active retraités ou démissionnaires ;

2º Parmi les militaires accomplissant leur service actif et ayant satisfait aux conditions fixées par la loi de recrutement pour l'accession dans le cadre des officiers de réserve ;

3º Parmi les sous-officiers de la première et de la deuxième réserve ayant servi comme sous-officiers dans l'armée active et comptant *cinq ans* de service actif, y compris leurs périodes d'instruction obligatoires ou volontaires ;

4° Parmi les sous-officiers ayant obtenu soit à l'expiration de leur service actif, soit au cours d'une période d'instruction volontaire ou obligatoire, le certificat de chef de section ou de peloton.

Le cas prévu par ce paragraphe sera celui des élèves officiers de réserve qui, ayant obtenu la moyenne obligatoire au cours du stage, auront été seulement nommés sergents. Pour devenir officiers de réserve, ils devront passer l'examen prévu et demander ensuite leur nomination au grade de sous-lieutenant. Il est réservé à cette catégorie un dixième au moins des nominations à effectuer.

5° En temps de guerre seulement, parmi les sous-officiers de la première et de la deuxième réserve, dans des conditions identiques à celles imposées, dans les mêmes circonstances, aux sous-officiers de l'armée active pour être nommés officiers ;

6° Et, en outre :

a) En ce qui concerne les officiers de gendarmerie, parmi les anciens sous-officiers de l'armée active du corps ; les membres des parquets, juges, greffiers, licenciés en droit, avocats inscrits depuis dix ans au barreau de leur ordre, sous la réserve d'avoir deux ans de grade de sous-officier et d'appartenir à la deuxième réserve.

b) En ce qui concerne le service de santé et le service vétérinaire, parmi les docteurs en médecine, les dentistes diplômés, les pharmaciens et les vétérinaires exemptés ou réformés reconnus ultérieurement aptes au service dans la réserve.

Le grade.

ACQUISITION.

Le grade est conféré aux officiers de réserve par décret du Président de la République rendu sur la proposition du Ministre de la guerre. Il constitue l'état de l'officier.

Le grade confère aux officiers de réserve qui en sont titulaires, pendant les périodes où ils sont en situation d'activité, c'est-à-dire présents sous les drapeaux pour une cause quelconque, les mêmes droits et prérogatives qu'aux officiers de l'active (solde fixée par décret).

Hors ce cas et dans les circonstances où ils sont autorisés à porter l'uniforme, les officiers de réserve n'ont droit qu'aux honneurs, préséances et marques extérieures de respect dus aux officiers du même grade de l'armée active.

Ces droits comportent pour eux les mêmes devoirs et obligations.

PERTE DU GRADE.

La perte du grade intervient :

a) D'abord pour les mêmes raisons qui entraînent la perte du grade de l'officier de l'armée active, savoir :

Démission acceptée par le Président de la République ;

Perte de la qualité de Français ;

Condamnation à une peine criminelle, à une peine correctionnelle grave (cas prévu), à la destitution.

b) Pour les causes particulières à l'officier de réserve et qui sont :

1° La radiation des cadres ;

2° La révocation.

a) LA RADIATION DES CADRES. — A l'expiration du temps de service total exigé par la loi de recrutement dans les réserves, tout officier de réserve est tenu d'adresser au Ministre une déclaration faisant connaître s'il veut rester ou non dans les cadres.

Tout officier qui déclare ne pas vouloir rester dans les cadres est considéré comme démissionnaire.

Tout officier qui déclare vouloir rester dans les cadres y est maintenu de droit, jusqu'au jour où il atteint la limite d'âge des officiers de même grade de l'armée active, augmentée de *cinq ans.*

Radiation d'office. — La radiation des cadres est prononcée d'office contre tout officier de réserve déclaré en état de faillite par décision judiciaire passée en force de chose jugée, la réintégration, sans rappel d'ancienneté, ne pouvant intervenir qu'en cas de réhabilitation obtenue à la suite du désintéressement de tous les créanciers.

Radiation pour raisons de santé. — Peut être prononcée par décret rendu sur le rapport du Ministre de la guerre :

1° Après avis de la commission consultative médicale, à

l'égard de tout officier atteint d'infirmités le mettant définitivement hors d'état de servir;

2° Après avis d'un conseil d'enquête, à l'égard de tout officier : placé, pour raisons de santé, depuis trois ans, dans la position de non-disponibilité ou signalé par son chef de corps ou de service et reconnu incapable de remplir les fonctions de son grade.

b) La révocation. — La révocation est une mesure correspondant à la mise en réforme par mesure disciplinaire pour l'officier de l'active.

Comme la mise en réforme, elle est prononcée après avis conforme d'un conseil d'enquête; toutefois, elle sera prononcée d'office contre tout officier de réserve possédant une charge d'officier public ou ministériel qui est destitué par jugement ou révoqué par mesure disciplinaire.

Elle peut être prononcée par décret du Président de la République et sur avis conforme du conseil d'enquête :

1° Contre tout officier de réserve révoqué d'un emploi civil ou rayé d'un ordre légalement constitué, par mesure disciplinaire ;

2° Contre tout officier de réserve ayant été mis en non-disponibilité par mesure disciplinaire pendant un an, pour avoir manqué aux prescriptions de la loi de recrutement relatives aux déclarations de changement de résidence, qui n'a pas, à l'expiration de cette peine disciplinaire, fait connaître officiellement sa résidence, ou a commis une nouvelle infraction à cette disposition ;

3° Contre tout officier de réserve qui, à l'occasion du service et en dehors de la situation d'activité, adresse à l'un de ses supérieurs militaires ou publie contre lui un écrit injurieux, ou commet envers l'un d'eux un acte reconnu offensant ;

4° Contre tout officier de réserve qui publie ou divulgue, dans des conditions nuisibles aux intérêts de l'armée, des renseignements parvenus à sa connaissance en raison de sa situation militaire ;

5° Contre tout officier de réserve mis en non-disponibilité par mesure de discipline pour un an, et non réintégré en cas de mobilisation ;

6° Pour faute contre l'honneur ;

7° Pour inconduite habituelle ;

8º Pour fautes graves contre la discipline, soit dans le service, soit en dehors du service, et, en particulier, pour l'acte d'indiscipline constitué par des agissements indirects ou collectifs tendant à la rébellion contre les lois en vigueur ;

9º Pour condamnation à une peine correctionnelle, lorsque la nature du délit et la gravité de la peine paraissent rendre cette mesure nécessaire. Les dispositions du présent paragraphe ne peuvent en aucun cas porter atteinte à l'usage légal des droits civiques des officiers de réserve.

La composition et le fonctionnement des conseils d'enquête sont fixés par un règlement d'administration publique. Ces conseils devront comprendre moitié au moins d'officiers de réserve.

POSITION DE L'OFFICIER DE RÉSERVE.

Les officiers de réserve peuvent être dans l'une des positions suivantes :

Dans les cadres ;

Hors cadres ;

En non-disponibilité.

L'officier de réserve peut, en outre, être placé dans la position d'officier honoraire s'il remplit certaines conditions.

DANS LES CADRES. — La position « dans les cadres » est celle de l'officier de réserve pourvu d'un des emplois normalement prévus dans les diverses formations mobilisées.

HORS CADRES. — Sont placés « hors cadres » les officiers de réserve dépourvus d'emplois dans les formations des armes et services, mais maintenus à la disposition du Ministre de la guerre, soit pour être affectés à certains emplois particuliers prévus ou à prévoir à la mobilisation, soit pour être placés dans le cadre des assimilés spéciaux.

NON-DISPONIBILITÉ. — La position de *non-disponibilité* est celle des officiers de réserve dépourvus d'emplois et *temporairement* dispensés de tout service, soit pour *infirmités*, soit par *mesure de discipline*.

Non-disponibilité pour infirmités temporaires. — Sont placés en non-disponibilité pour infirmités temporaires, les officiers de réserve reconnus, par les *médecins militaires désignés à cet effet*, comme incapables d'exercer leurs fonctions pendant six mois au moins.

Cette situation ne peut se prolonger plus de trois années. Si, à l'expiration de la troisième année, les certificats de visite et contre-visite médicales signalent que ces officiers sont incapables d'exercer leurs fonctions, ces derniers sont traduits devant un conseil d'enquête, qui émet son avis au sujet de leur radiation ou de leur réintégration.

Mise en non-disponibilité. — Tout officier de réserve peut être mis en non-disponibilité par mesure de discipline, par le Président de la République, sur le rapport du Ministre de la guerre, pendant *trois mois* au moins, *un an* au plus.

L'officier en non-disponibilité par mesure de discipline ne peut porter l'uniforme ni prendre part à aucune réunion militaire.

En cas de *mobilisation*, tout officier mis en non-disponibilité par mesure de discipline pour moins d'un an est réintégré.

Tout officier mis en non-disponibilité par mesure de discipline pour un an, doit être réintégré ou révoqué.

Le temps passé dans la position de non-disponibilité ne compte pas pour la fixation du rang d'ancienneté, interrompt les droits à l'avancement et, s'il s'agit de la non-disponibilité par mesure de discipline, éteint tout droit à l'honorariat, sauf le cas d'action d'éclat ou de fait de guerre constaté par une citation,

HONORARIAT.

Sont admis de droit à l'honorariat :

a) Les officiers de réserve qui ont atteint sans interruptions de services, dans la position « dans les cadres » ou « hors cadres », ou dans la position de « non-disponibilité » pour infirmités temporaires, les limites d'âge fixées pour les officiers de l'armée active du même grade, augmentées de cinq ans ;

b) Les officiers de réserve qui, ayant déclaré rester dans les cadres à l'expiration de leurs obligations légales, sont rayés des cadres avant la limite d'âge de leur grade définie comme ci-dessus, indépendamment de leur volonté et pour toute autre cause que par mesure disciplinaire ;

c) Les officiers de réserve qui, à une époque quelconque, sont rayés des cadres pour blessures, maladies ou infirmités contractées ou aggravées au service ;

d) Les officiers de réserve provenant des anciens officiers de l'armée active, qui ont acquis dans la réserve un grade supérieur à celui qu'ils détenaient dans l'armée active.

Nul officier placé dans la position d'officier honoraire ne pourra être réintégré dans les cadres, ni mobilisé, sauf dans le cadre des assimilés spéciaux.

CONSEILLERS TECHNIQUES.

A titre exceptionnel et afin de permettre l'utilisation. en temps de guerre. des éminents services que peuvent rendre à la défense nationale certaines personnalités notoires du pays, comme *conseillers techniques,* il pourra être conféré, dès le temps de paix, à ceux d'entre eux dégagés de toute obligation militaire qui seraient volontaires et dont il conviendrait de s'assurer le concours éventuel, un grade dans la réserve ou l'assimilation spéciale en rapport avec la nature des missions qui pourraient leur être confiées.

Avancement.

Les sous-lieutenants de réserve sont promus lieutenants lorsqu'ils comptent quatre années de grade de sous-lieutenant. s'ils ont accompli une période d'exercices avec ce grade.

Sont promus lieutenants, lorsqu'ils comptent deux ans de sous-lieutenant, s'ils ont accompli une période d'exercices avec ce grade :

1º Les sous-lieutenants de réserve provenant des officiers retraités ;

2º Ceux provenant des sous-lieutenants démissionnaires de l'armée active ; ceux de ces derniers qui ont servi un an dans l'armée active comme officiers ne sont pas astreints à l'obligation d'accomplir une période d'exercices pour être promus lieutenants.

CAPITAINES.

Les lieutenants de réserve peuvent être promus capitaines lorsqu'ils comptent six ans de grade de lieutenant et ont accompli avec ce grade deux périodes d'exercices. Une seule période est exigée lorsqu'ils proviennent des lieutenants démissionnaires de l'active.

CHEFS DE BATAILLON.

Les capitaines de réserve peuvent être promus chefs de bataillon ou d'escadrons lorsqu'ils comptent six années de grade de capitaine, s'ils ont accompli deux périodes d'exercices dans ce grade et sous réserve de conditions analogues, pour le franchissement de grade, à celles qui pourront être exigées des officiers de l'armée active appartenant aux mêmes armes ou services. Une seule période est exigée pour ceux de ces officiers qui proviennent des capitaines retraités ou démissionnaires de l'armée active.

LIEUTENANTS-COLONELS.

Les chefs de bataillon ou d'escadrons de réserve peuvent être promus lieutenants-colonels s'ils comptent quatre ans de grade de chef de bataillon et s'ils ont accompli une période d'exercices dans ce grade, et sous réserve de conditions analogues, pour le franchissement de grade, à celles qui sont ou pourront être exigées des officiers de l'armée active appartenant aux mêmes armes ou services. Aucune période n'est exigée pour ceux de ces officiers qui proviennent des chefs de bataillon ou d'escadrons de l'armée active, retraités ou démissionnaires.

COLONELS.

Peuvent être promus colonels lorsqu'ils ont quatre ans de grade de lieutenant-colonel, les lieutenants-colonels de réserve provenant des officiers retraités de l'armée active et, à *titre exceptionnel*, s'ils ont en outre accompli une période d'instruction dans leur grade, les lieutenants-colonels qui ont rendu des services signalés en collaborant à la préparation militaire, scientifique, industrielle et technique de la défense nationale.

Aucune période d'exercices n'est exigée pour la promotion au grade supérieur des officiers de réserve qui figurent au tableau d'avancement pour ce grade dans l'armée active.

Choix. — L'avancement a lieu, pour les officiers de réserve, *exclusivement au choix* sur l'ensemble de l'arme ou du service, sauf en ce qui concerne la promotion au grade de lieutenant (voir ci-dessus).

Il sera tenu compte, pour l'avancement, des titres acquis en dehors des périodes d'exercices (assiduité et travail fourni aux écoles d'instruction), dans les conditions qui seront précisées par voie d'instruction ministérielle.

ANCIENNETÉ DE GRADE. — L'ancienneté de grade des officiers de réserve entre eux est déterminée par la date fixée par le décret qui les a nommés à leur grade, soit dans l'armée active, soit dans la réserve, déduction faite des interruptions de service et du temps passé dans la position de non-disponibilité.

Le temps passé dans un grade en situation d'activité, ou dans l'armée active lorsqu'il s'agit d'anciens officiers de l'armée active, compte pour le double de la durée effective en ce qui concerne l'ancienneté des officiers de réserve *entre eux*, sans toutefois que le temps de service à accomplir pour l'avancement puisse être inférieur à celui fixé pour la promotion au grade supérieur des officiers de l'armée active du même grade et dans les mêmes circonstances.

TABLEAU. — Les officiers de réserve sont inscrits au tableau d'avancement et peuvent en être rayés dans les mêmes formes que les officiers de l'armée active.

LÉGION D'HONNEUR. — L'avancement des officiers de réserve dans la Légion d'honneur est réglé par décret.

Les décorations (Légion d'honneur et médaille militaire) accordées en temps de paix ne donnent droit à aucun traitement.

TEMPS DE GUERRE. — En temps de guerre, les officiers de réserve peuvent accéder à tous les grades de la hiérarchie militaire et de la Légion d'honneur, dans les mêmes conditions que les officiers de l'active, mais au titre de la réserve.

Allocations et prestations.

Sont déterminées par décret pour les officiers de réserve en position d'activité de même que pour les officiers de l'active.

En cas de mobilisation, les officiers de réserve ont, à tous égards, les mêmes droits que les officiers d'active dans la même situation, sauf en ce qui concerne la première mise d'équipement.

Pendant la durée des convocations pour les périodes d'exercices ou pour toute autre cause, leurs droits à la solde sont les mêmes que ceux des officiers d'active, mais leurs droits aux différentes indemnités sont établis compte tenu de leur situation militaire momentanée.

Pensions. — (Voir législation spéciale).

Admission dans le cadre actif. — Les conditions nécessaires sont déterminées par la loi sur l'avancement dans l'armée active.

Le Ministre de la guerre pourra autoriser ceux des officiers de réserve (armes ou services) qui en feraient la demande, à servir en situation d'activité dans le corps de leur choix, et sous réserve du consentement du conseil de régiment de ce corps, pendant une durée minimum d'une année et maximum de huit années au total.

Ceux de ces officiers admis dans le grade de sous-lieutenant seront nommés lieutenants de réserve au bout de deux ans de services effectifs ininterrompus dans le grade de sous-lieutenant de réserve; la promotion au grade de capitaine de réserve ne pourra, en ce qui concerne les officiers visés au présent article, intervenir qu'après deux ans au moins de services effectifs ininterrompus dans le grade de lieutenant.

Un règlement d'administration publique déterminera les conditions d'application des dispositions qui précèdent, dont pourront bénéficier les officiers de réserve libérés du service actif depuis moins de cinq ans et dans les limites de nombre telles que le chiffre global des officiers de chaque arme entretenus sous les drapeaux n'excède pas, dans chaque arme ou service, les fixations de la loi des cadres à cet égard.

Tenue. — La tenue de campagne est seule obligatoire pour les officiers de réserve; toutefois, ils peuvent porter la tenue de ville ou la grande tenue dans les mêmes conditions que les officiers de l'active.

Une première mise d'équipement spéciale leur est acquise.

CHAPITRE III.

Des assimilés spéciaux.

Le cadre des assimilés spéciaux se recrute parmi les militaires des réserves désignés en raison de la situation civile qu'ils occupent et de leurs capacités professionnelles.

Exceptionnellement, il peut être fait appel à des personnalités dégagées de toute obligation militaire, volontaires, pour remplir un emploi dans le cadre des assimilés spéciaux.

En aucun cas, il ne peut résulter de la situation ni des titres particuliers, le droit pour quiconque à recevoir un emploi dans le cadre des assimilés spéciaux, les emplois n'étant accordés qu'en proportion des besoins de la mobilisation et, de préférence, aux militaires des classes les plus anciennes.

Les conditions d'accession dans le cadre des assimilés spéciaux seront déterminées par un règlement d'administration publique à intervenir.

Les assimilés spéciaux sont pourvus d'un grade d'assimilation en rapport avec l'emploi de mobilisation qui leur est confié.

Ce grade leur est conféré par arrêté ministériel publié au *Journal officiel* et leur donne les droits, prérogatives et devoirs définis par la présente loi.

Ce grade est perdu en même temps que l'emploi; il peut, en outre, être perdu pour les mêmes causes que les officiers de réserve.

Il n'existe, pour les assimilés spéciaux, qu'une seule position « dans les cadres ».

Ils sont astreints aux obligations particulières qu'édicte la loi à l'égard des affectés spéciaux.

CHAPITRE IV.

Les sous-officiers.

Les sous-officiers des réserves (ou personnels ayant rang de sous-officiers) suivent le sort des hommes appartenant à la même classe de mobilisation et ont les mêmes obligations militaires définies par la loi de recrutement de l'armée.

Ils font partie :

Soit des cadres de la première réserve ;

Soit des cadres de la deuxième réserve.

Ceux d'entre eux appartenant aux classes placées dans la disponibilité de l'armée active font partie des cadres de la première réserve, mais sans qu'ils puissent, toutefois, être dispensés des obligations spéciales incombant aux militaires de la disponibilité, notamment en matière de rappel éventuel à l'activité par ordre du Ministre de la guerre, lorsque les circonstances paraissent exiger cette mesure.

Les sous-officiers, les employés militaires et personnels ayant rang de sous-officiers dans les réserves se recrutent savoir :

A. — Première réserve.

1° Parmi les sous-officiers et employés militaires quittant le service actif à quinze ans de service ou plus et à moins de vingt-cinq ans de service, pendant les cinq années qui suivent la radiation des contrôles de l'activité.

2° Parmi les militaires libérés à moins de quinze ans de service actif avec le grade de sous-officier, jusqu'à leur passage dans la deuxième réserve.

3° Parmi les brigadiers et caporaux de la première réserve.

B. — Deuxième réserve.

1° Parmi les sous-officiers et employés militaires de l'armée active retraités par ancienneté de service, pendant les cinq années qui suivent leur radiation des contrôles de l'activité.

2° Parmi les sous-officiers, employés militaires et personnels ayant rang de sous-officiers provenant de la première réserve et ayant accompli, dans cette réserve, le temps de service prescrit par la loi de recrutement.

3° Parmi les brigadiers et caporaux de la deuxième réserve.

Et, en outre (première et deuxième réserve), parmi les personnels appelés, par leur situation professionnelle, à fournir, le cas échéant, les cadres inférieurs des corps spéciaux et ceux de la mobilisation industrielle, économique et administrative ; ils sont, dans ce cas, placés dans l'affectation spéciale.

Droits au commandement.

Les droits au commandement des personnels officiers et sous-officiers de réserve, par rapport aux personnels-officiers et sous-officiers de l'armée active correspondants, sont définis ainsi qu'il suit :

1° Les officiers et sous-officiers de réserve comptent comme service actif, au point de vue droit au commandement, le temps effectif passé par eux en situation d'activité. Ce temps s'ajoute, pour ceux qui ont servi antérieurement avec leur grade dans l'armée active, à l'ancienneté qu'ils avaient au moment où ils ont quitté les drapeaux.

2° A ancienneté égale de service actif dans le grade, les officiers et sous-officiers de l'armée active ont le commandement sur ceux des réserves.

Les grades d'assimilation (officiers des services, assimilés spéciaux) ne comportent, comme pour le personnel actif, droit au commandement qu'à l'égard du personnel détaché, au titre permanent ou temporaire, dans le même établissement ou service et pour l'exécution de ce service.

Les distinctions honorifiques (Légion d'honneur ou médaille militaire) décernées à des militaires de réserve *lors de leur présence sous les drapeaux*, par suite de *rappel à l'activité en cas de mobilisation*, leur confèrent les mêmes avantages qu'aux militaires de l'active.

DEUXIÈME PARTIE

ADMINISTRATION

CHAPITRE PREMIER.

Notions générales d'administration.

I. — Administration générale de l'armée.

L'administration militaire a pour objet l'exécution des lois destinées à satisfaire les besoins matériels de l'armée.

Deux lois fondamentales régissent, dans son ensemble, l'administration de l'armée.

La première, loi du 24 juillet 1873, dite « loi d'organisation générale de l'armée », pose les principes d'une organisation administrative militaire sur de nouvelles bases.

La deuxième, du 16 mars 1882, sur l'administration de l'armée, organise l'administration militaire conformément aux principes de la loi de 1873.

Ces principes peuvent se résumer ainsi :

1° Subordination de l'administration au commandement;

2° Répartition de l'administration en services;

3° Division de l'action administrative en trois actions distinctes : direction, gestion, contrôle.

1° SUBORDINATION DE L'ADMINISTRATION AU COMMANDEMENT.

La loi du 16 mars 1882 a fixé définitivement les rapports de l'administration avec le commandement, en subordonnant complètement l'administration au commandement.

Par commandement, il ne faut pas entendre tout officier pourvu d'une autorité. La loi est formelle et claire. Elle subordonne l'administration au commandement, responsable vis-à-vis du Ministre, c'est-à-dire au général commandant de corps d'armée.

Mais le vœu de la loi est que l'intervention de cette autorité se traduise par une action de haute surveillance et de coordination des efforts, et non dans une intervention de tous les instants.

2° Répartition de l'administration en service.

En raison de l'importance des effectifs à administrer en temps de paix et en campagne, de la diversité des personnels qu'il faut pourvoir, des besoins multiples à satisfaire, des quantités de denrées de toute espèce à acheter et des dépenses énormes à engager et à acquitter, le rôle de l'administration militaire est d'une importance capitale. Elle constitue une organisation très vaste et d'une complexité infinie.

Par application du principe de la division du travail, la loi du 16 mars 1882 a groupé les différents besoins des militaires en « catégories ». A chacune de ces catégories, elle a fait correspondre, sous le nom de services, une organisation spéciale chargée de satisfaire ces besoins.

Chaque service est pourvu d'un personnel spécial et des moyens matériels appropriés et se subdivise à son tour, quand c'est nécessaire, en spécialités correspondant à un besoin déterminé.

Les cinq services principaux sont :

1° Le service de l'*artillerie*, chargé de fabriquer les armes, les munitions, les voitures nécessaires à l'armée, de construire et d'entretenir les bâtiments qui lui sont nécessaires;

2° Le service du *génie*, qui construit et entretient les fortifications et les divers bâtiments militaires autres que ceux de l'artillerie;

3° Le service de l'*intendance*, qui pourvoit à la solde, aux subsistances, à l'habillement et au campement;

4° Le service des *poudres et salpêtres*, qui fabrique les poudres et explosifs, ce service relève directement du Ministre;

5° Le service de *santé*, qui est chargé, en même temps que de l'hygiène et de la santé des troupes, du matériel et du service sanitaire et des approvisionnements de médicaments.

3° FORMES DE L'ACTION ADMINISTRATIVE.

La loi de 1882 a confié à des agents distincts le soin d'administrer.

Administrer, c'est d'abord *prévoir les besoins*, les « vouloir », donner l'ordre de les satisfaire, puis, ensuite, pourvoir à ces besoins en temps utile, c'est-à-dire exécuter.

En matière administrative, vouloir exige du jugement, des vues d'ensemble, de la décision : exécuter demande une spécialisation, des aptitudes particulières à la tâche.

Ces tâches diverses nécessitent l'existence de personnels différents. C'est ce que la loi de 1882 a établi en séparant nettement les fonctions de direction et de gestion (exécution).

CONTROLE. — La loi de 1882 a organisé un corps de contrôleurs qui ne sont plus des administrateurs et ne dépendent que du Ministre de la guerre.

Ressources de l'administration militaire.

Pour assurer l'existence de l'armée et pourvoir à tous ses besoins, l'administration militaire dispose de ressources soit financières, soit matérielles, soit immobilières.

a) Les *ressources financières*, en temps de paix, sont mises à la disposition du Ministre par la loi annuelle de finances (budget), qui ouvre les crédits nécessaires.

b) Les ressources matérielles consistent en armes, matériel, approvisionnements de toute nature nécessaires à l'armée. Ces ressources sont, soit achetées dans le commerce (marchés), soit fabriquées par l'Etat avec des matières premières provenant également du commerce.

c) Les ressources *immobilières* résultent de l'affectation gratuite, au Département de la guerre, de certaines portions du domaine de l'Etat.

Le domaine militaire se divise en domaine public (ouvrages de défense, routes stratégiques) non susceptible de devenir propriété privée, et en domaine privé (casernes, hôpitaux, établissements divers aliénables).

II. — Le corps de troupe.

L'administration des corps de troupe a pour objet de pourvoir aux besoins des militaires comptant dans leurs rangs.

Dans l'intérêt du service et de la discipline, chaque corps est, à ce point de vue, représenté par un *conseil d'administration*.

CRÉATION DU CONSEIL D'ADMINISTRATION.

La création de ces conseils remonte à l'ancien régime. Ils ont été créés par l'ordonnance du 25 mars 1776, inspirée par le comte de Saint-Germain.

RÔLE DU CONSEIL D'ADMINISTRATION. — Le rôle du conseil d'administration est de veiller au bon ordre et à l'économie, d'ordonner, de vérifier et d'approuver les marchés et les dépenses et de juger la conduite de ceux qui étaient chargés de l'exécution des détails.

Cette institution, basée sur le principe d'autorité et de responsabilité collectives, n'est pas spéciale aux corps de troupe; elle se retrouve dans le fonctionnement des grandes sociétés anonymes, commerciales, financières ou industrielles.

Le chef de corps n'a pas, en matière administrative comme en matière de commandement, l'autorité et la responsabilité absolues, il les partage avec le *conseil d'administration*.

COMPOSITION. SÉANCES.

ATTRIBUTIONS DU CONSEIL. — Le conseil d'administration d'un corps de troupe est gestionnaire du corps qu'il représente.

Pour faire acte de gestion, il doit percevoir et employer les ressources mises à sa disposition pour satisfaire les besoins des militaires qui constituent le corps de troupe.

Le conseil doit donc :

D'une part, exercer ses droits vis-à-vis de l'Etat ;

D'autre part, employer au mieux des intérêts du corps les ressources mises à sa disposition.

Ainsi, l'administration du conseil (et la comptabilité qui en reproduit les détails) se présentent sous un double aspect.

1° Comptes avec l'Etat.

2° Comptes d'administration intérieure.

RESPONSABILITÉ DU CONSEIL. — La loi du 16 mars 1882 fixe comme suit la responsabilité collective du conseil d'administration :

« Le chef de corps et le conseil d'administration sont solidairement responsables envers l'Etat. »

Tous les membres du conseil, y compris le chef de corps, sont donc responsables *pécuniairement* des fautes, négligences ou ordres antiréglementaires.

× ×

Le conseil ne siège pas en permanence, il a des agents d'exécution (trésorier, officier chargé du matériel, commandants d'unité) qui exécutent ses décisions.

Entre lui et ses agents d'exécution il y a des autorités chargées de diriger et de surveiller ces derniers ; ce sont le chef de corps et le major.

LA SOLDE.

L'Etat, en imposant aux militaires de consacrer tout leur temps à son service, leur enlève la possibilité de pourvoir eux-mêmes à leurs divers besoins. Par suite, il a dû se substituer à eux pour leur fournir tout ce qui leur est nécessaire.

L'ensemble de ce que l'Etat fournit dans ce but s'appelle « le traitement militaire », comprenant des *prestations en nature* et des *prestations en deniers*.

Les prestations en deniers constituent la *solde* proprement dite.

Le service de la solde a donc pour objet de pourvoir à toutes les prestations qui entrent dans la composition du traitement en *deniers* des militaires et d'assurer la régularité des comptes qui en résultent. Il a également pour objet la régularisation des prestations en nature ou des indemnités en tenant lieu.

En ce qui concerne la troupe, jusqu'en 1905 la solde était divisée en deux parties : les centimes de poche remis à l'homme et le versement de tout le reste à l'ordinaire.

Depuis 1905, la solde a été nettement séparée de l'alimentation, et son montant est versé intégralement aux ayants droit.

Les différentes allocations à verser à l'ordinaire prennent le nom de primes ou d'indemnités représentatives, et figurent au budget à un chapitre spécial.

Le service de la solde est entièrement régi par le décret du 29 mai 1890, qui est basé sur les principes suivants :

1° Nécessité d'enlever aux militaires de tout grade tout souci matériel.

2° La solde est attribuée à titre individuel.

3° Elle varie, en conséquence, suivant le grade, la position et les circonstances ; elle est mensuelle ou journalière.

4° La solde est uniforme, quels que soient l'arme ou le corps.

5° Elle est payée à terme échu, sauf certains cas spéciaux prévus par les règlements.

6° Elle est passible de retenues soit au profit de l'Etat, soit au profit de tiers.

7° Elle est saisissable (les indemnités ne le sont pas).

8° Elle ne peut se cumuler avec une pension civile ou militaire, ni avec un traitement à la charge de l'Etat, des départements ou des communes.

LES MASSES.

L'Etat charge les conseils d'administration d'assurer la satisfaction d'un certain nombre de besoins matériels des militaires, en leur allouant des sommes d'argent sous forme de primes journalières, mensuelles ou annuelles, au lieu de fournir lui-même les denrées ou le matériel nécessaires à ces besoins. Ces primes sont fixées par des tarifs et doivent suffire, quelle que soit l'étendue des besoins à satisfaire.

Ces allocations en argent prennent le nom de « masses ». Elles constituent un véritable abonnement à forfait entre l'Etat et le corps de troupe.

Certaines masses ont pour but de pourvoir à des besoins d'ensemble. Telles sont la masse des écoles et la masse de casernement. Les fonds alloués sont acquis à des intervalles périodiques et sont utilisés au fur et à mesure des besoins, avec la seule préoccupation de ne pas dépasser les crédits.

D'autres masses ont pour objet de constituer des approvisionnements de matériel ou de denrées, pour en faire ultérieurement la répartition et satisfaire ainsi à tous les besoins individuels. Les fonds alloués sont calculés soit à raison de tant par homme et par cheval et par jour, soit d'après d'autres bases, mais toujours acquis à intervalles périodiques. Telles sont :

La masse d'habillement ;

La masse de harnachement ;

La masse de chauffage et d'éclairage.

Le système des masses présente les avantages suivants :

Il permet au Ministre de fixer d'avance : certains chapitres du budget des dépenses, de prévoir le maximun des charges qu'imposeront au Trésor les dépenses auxquelles s'appliquent les masses.

Il présente aussi l'avantage d'émanciper, en quelque sorte, les représentants des corps et les commandants d'unités administratives, en leur laissant toute l'initiative et l'indépendance compatibles avec les intérêts du Trésor, pour disposer librement d'une somme fixée par service.

Il les habitue à prévoir et à constater de près les besoins de la troupe et les prépare, à cet égard, à leur rôle en campagne Il les intéresse, enfin, directement à leur gestion. Les économies obtenues par une administration bien entendue restent acquises aux corps et aux unités et peuvent servir à améliorer le service auquel ces économies se rapportent.

Ce système, toutefois, pour avoir toute son efficacité, ne doit s'appliquer qu'à des dépenses dont on peut calculer le montant assez exactement pour que l'allocation accordée permette d'y subvenir complètement.

Les principales masses sont :

1° La masse d'habillement ;

2° La masse de harnachement ;

3° La masse de chauffage et d'éclairage ;

4° La masse de couchage et d'ameublement ;

5° La masse des écoles ;

6° La masse de casernement ;

7° La masse d'infirmerie.

CHAPITRE II.

L'unité administrative : Ses besoins et ses ressources.

Principes de gestion et de comptabilité.

BASES DES DROITS : POSITIONS MILITAIRES.

Les unités administratives sont les plus petites fractions de corps de troupe entre lesquelles le travail administratif a été rationellement divisé.

Ce sont, suivant les armes, la compagnie, l'escadron ou la batterie.

ROLE DU COMMANDANT DE L'UNITÉ ADMINISTRATIVE.

Les capitaines commandant ces unités sont chargés, sous l'autorité et la surveillance du conseil d'administration et du major, de tous les détails de l'administration de leur unité.

Tantôt, ils jouent le rôle de simples intermédiaires entre le conseil d'administration et les militaires placés sous leurs ordres; c'est le cas le plus général (solde, armement, chauffage, couchage).

Tantôt, ils remplissent de véritables fonctions d'administrateurs (ordinaires, habillement).

A chaque instant, les commandants d'unité doivent pouvoir justifier les actes de leur gestion. Ils ont l'obligation étroite de les enregistrer au jour le jour dans des écritures qui sont conservées pendant dix ans aux archives du corps et qu'ils sont tenus de présenter à toute réquisition des autorités ayant qualité pour en connaître.

RESPONSABILITÉ.

Les commandants d'unité administrative sont responsables pécuniairement et disciplinairement des actes de leur gestion.

Le décret du 20 mars 1906 détermine ainsi leur responsabilité.

Ils sont responsables pécuniairement :

1° De l'existence des fonds perçus et non encore employés ;

2° De l'existence et du bon entretien du matériel pris en charge par eux et non distribué ;

3° Des payements ou distributions non réglementaires.

Dans les unités, il y a peu de matériel en magasin, la plus grande partie est entre les mains des hommes (habillement, armement, couchage, etc...). Il serait abusif d'engager la responsabilité du capitaine du fait de la disparition du matériel ou des dégradations qu'il peut subir par la faute des hommes.

Aussi est-il admis que, dans ce cas, les commandants d'unité pourront être simplement l'objet d'une sanction disciplinaire. Toutefois, ils restent tenus pécuniairement et sont responsables de toutes pertes de matériel résultant manifestement d'un manque direct de surveillance.

LES AGENTS DU CAPITAINE COMMANDANT.

Ces agents sont :

Les lieutenants ou sous-lieutenants qui secondent le capitaine dans les missions qu'il leur confie et se préparent à prendre éventuellement le commandement de l'unité ; le plus ancien lieutenant a, sous la direction du capitaine, la surveillance de l'ordinaire ;

Le sergent-major (ou maréchal des logis chef), qui est l'agent immédiat du capitaine pour tout ce qui concerne l'administration et la comptabilité ;

Le sergent fourrier (ou maréchal des logis fourrier) qui, sous les ordres du sergent-major, tient les écritures. Il s'occupe de tous les détails administratifs, sauf des distributions d'ordinaire ;

Le caporal (ou brigadier) d'ordinaire qui, sous l'autorité du sergent-major, est chargé de tous les détails du service de l'ordinaire.

LES BESOINS DE L'UNITÉ ADMINISTRATIVE ET LES POSITIONS.

Administrer une unité, c'est prévoir les différents besoins des militaires de cette unité et les satisfaire ; or, les besoins de l'unité en alimentation, solde, habillement, harnachement, casernement, chauffage et éclairage, couchage et ameublement, etc., varient avec les situations occupées.

Pour prévoir et satisfaire les différents besoins des militaires, l'administration a basé les droits de chacun sur ces situations variables. Les diverses situations d'où dépendent les droits sont dénommées « positions ».

L'étude des besoins de l'unité suppose donc celle des droits et, par suite, des « positions » des militaires qui les constituent.

POSITIONS.

Les positions sont :

a) Générales, quand elles s'appliquent à toute l'armée ou à une fraction déterminée de l'armée ;

b) Collective, quand elles s'appliquent à six hommes au moins placés sous le commandement de l'un deux ;

c) Individuelles, quand elles concernent les militaires isolés.

On appelle « mouvements » les changements de positions collectives, et « mutations » les changements de positions individuelles.

Il y a deux positions générales ; le « pied de paix » et le « pied de guerre ».

Sur le pied de paix, les corps, unités, détachements peuvent se trouver à leur tour dans trois positions différentes :

1° « En station », c'est-à-dire en résidence permanente dans une ville de garnison, un camp, une enceinte fortifiée ;

2° « En marche » ou « en route à l'intérieur »; déplacement d'un lieu de garnison à un autre, exécution de marches, par exemple, pour se rendre dans un camp ou aux manœuvres ;

3° « Aux manœuvres ».

Enfin, les positions individuelles comprennent :

1° L'activité, qui s'applique aux militaires de tous grades et qui comporte :

La position de présence (présent au corps ou au poste assigné ; en mission);

La position d'absence (en permission (1), en congé (1), à

---

(1) La permission est une absence légale ne dépassant pas trente jours; le congé est une absence légale d'une durée supérieure à trente jours.

l'hôpital, en jugement ou en détention, absent sans autorisation, en captivité à l'ennemi);

2° La « non-activité » et la « réserve spéciale », ne s'appliquant qu'aux officiers;

3° La « réforme » et la « retraite », qui s'appliquent à tous les militaires mais sous certaines distinctions;

4° La « disponibilité » et le « cadre de réserve », ne s'appliquant qu'aux officiers généraux.

Aux diverses positions collectives ou individuelles constatées correspondent des allocations.

On appelle « allocation » le droit reconnu, soit par un règlement, soit par une autorité compétente à une somme d'argent ou à une ration.

Le taux des allocations varie d'après le grade et la situation.

Il ne faut pas confondre l'allocation et la prestation; la « prestation » est la chose allouée elle-même. Il y a des prestations en deniers (solde, prime, etc.) et des prestations en nature (pain, liquide, chauffage, etc.).

REMARQUE CONCERNANT LES MUTATIONS

On distingue trois sortes de mutations :

1° Celles qui affectent l'effectif total de l'unité, en y produisant une augmentation ou une diminution. Exemple : arrivée d'un jeune soldat, libération d'un sous-officier;

2° Celles qui affectent l'effectif des présents sans faire varier l'effectif total : départ d'un homme en permission, rentrée d'un homme de l'hôpital;

3° Celles qui ne produisent aucune modification dans l'effectif des présents. Exemple : un homme passe d'une position d'absence (hôpital) à une autre position d'absence (congé).

Administration de l'unité administrative.

Nous étudierons successivement :

1° Comment est constatée l'existence militaire des hommes de l'unité;

2° Comment sont déterminés les droits de l'unité;

3° Quelles sont les ressources mises à la disposition de l'unité;

4° Comment sont utilisées ces ressources.

I. — Constatation de l'existence militaire des hommes de l'unité.

L'existence militaire de chacun des membres de l'unité est constatée au moyen d'archives militaires individuelles.

Ces archives militaires sont analogues aux archives de l'état civil.

Elles permettent de suivre l'homme depuis sa naissance à l'existence militaire jusqu'à l'expiration des vingt-huit années de service militaire imposées par la loi.

Ces archives sont tenues, à la fois, dans les bureaux de recrutement, dans les corps de troupe et dans les unités administratives.

A. — Archives tenues et établies aux bureaux de recrutement.

a) Registres matricules. — Ouverts par le bureau de recrutement à raison de un par classe. Une page entière est consacrée à chaque soldat et contient pour chacun : l'état civil détaillé, le signalement et les tableaux où seront inscrits, au fur et à mesure, tous les changements survenus dans l'existence militaire (affectations, changements de corps, campagnes, périodes d'exercices, changements de domicile et de résidence).

Le numéro du folio de la page du registre est le numéro matricule de recrutement.

b) Liste matricule. — C'est un registre annexe du précédent où sont inscrits tous les engagés volontaires qui prennent du service avant l'âge légal. Mais, pour eux, cette inscription sera provisoire, et, lorsqu'ils auront atteint 20 ans, ils seront rayés de cette liste matricule et inscrits sur le registre matricule précédent avec les jeunes gens de leur classe.

Mise a jour de ces registres. — Les changements survenus dans l'existence militaire des appelés ou des engagés sont signalés aux bureaux de recrutement, par les soins des conseils d'administration.

Pour les hommes des réserves, les changements de l'existence militaire sont portés à la connaissance des bureaux de recrutement par les avis provenant soit de la gendarmerie (changements de résidence ou de domicile), soit des maires (décès), soit des parquets (emprisonnements, condamnations).

B. — Archives tenues dans les corps de troupe.

a) Registre d'incorporation. — En arrivant dans un corps de troupe, l'homme (appelé ou engagé) est inscrit sur un régistre spécial tenu par le major et qui porte le nom de « registre d'incorporation ».

Dans ce registre, le nom de chaque homme est inscrit sur une ligne; le numéro de cette ligne est le numéro matricule de l'homme qui sert à le distinguer pendant son séjour au corps.

b) Registre matricule du corps. — En outre, les corps possèdent des registres matricules semblables à ceux des bureaux de recrutement qui reproduisent les mêmes renseignements concernant l'état civil et les variations concernant l'état militaire du soldat. Une page par homme, le numéro de la page correspondant au numéro de la ligne du registre d'incorporation.

C. — Archives tenues dans l'unité administrative.

a) Livret matricule et livret individuel. — Ces deux livrets sont établis par le bureau de recrutement, d'après les renseignements fournis par les régistres ou la liste matricule de recrutement et envoyés aux corps d'affectation.

Ils sont tenus, ensuite, par le commandant de compagnie.

Le livret matricule de l'homme de troupe est destiné à être conservé par les chefs sous les ordres desquels l'homme servira successivement; il donne, outre les renseignements sur son existence militaire, des renseignements sur la valeur physique, morale et intellectuelle de l'homme et sur ce qu'on peut attendre de lui à la mobilisation.

Le livret matricule des officiers est, pour les officiers de compagnie, tenu par le capitaine (1).

En cas de mutation entraînant le passage dans un autre corps, il est, après inscription de la mutation, certifié par le trésorier et visé par le major, puis remis à l'officier avant son

---

(1) Les livrets matricules des officiers ne faisant pas partie des compagnies, sont tenus par le trésorier, l'officier payeur ou l'officier commandant.

départ. Il sert à l'intéressé à se faire reconnaître par son nouveau chef de corps.

Le livret individuel est destiné à être remis à l'homme qui doit toujours en être détenteur pendant toute la durée de ses obligations militaires ; il constitue pour lui, en même temps, une pièce d'identité et un guide.

b) CONTRÔLE NOMINATIF. — Tout militaire affecté à une unité administrative par le major est inscrit, dès qu'il arrive à cette unité, sur un contrôle appelé « contrôle nominatif ».

Ce contrôle est annuel. Il permet de suivre administrativement (inscriptions de mutation) les officiers et les hommes de la compagnie dans chacune des positions où ils se trouvent successivement au cours de l'année. Tous les militaires, officiers compris, comptant à l'unité, même ceux qui sont détachés, figurent sur ce contrôle. Ils sont inscrits par grade et par catégorie de solde, emplois et numéros matricules. Ceux qui arrivent en cours d'année sont inscrits à la suite de leur catégorie.

Les mutations concernant les officiers et les hommes de troupe y sont inscrites au fur et à mesure qu'elles se produisent dans quatre colonnes correspondant aux trimestres de l'année.

Mention est faite des situations qui ouvrent des droits spéciaux : rengagement, passage d'une catégorie de solde à une autre, mariage des sous-officiers rengagés, etc... et de la date à laquelle s'ouvrent ces droits.

Pour les subsistants d'autres corps, les réservistes et les territoriaux appelés à faire des périodes, il est tenu des contrôles particuliers.

Le contrôle nominatif sert aussi à la passation des revues d'effectif au cours desquelles les fonctionnaires de l'intendance, sur un ordre du commandement, s'assurent de tous les militaires qui y figurent.

II. — Détermination des droits de l'unité.

Pour déterminer les droits de l'unité, il faut, connaissant la situation individuelle de chacun de ses membres donnée par le contrôle nominatif, établir journellement l'effectif de l'unité, en tenant compte des variations subies dans les positions individuelles ou collectives des militaires qui la composent. Tel est le but de la situation administrative.

De plus, il faudra faire ressortir, trimestriellement, les droits qui résultent des constatations ainsi faites. Ce relevé sera donné par la feuille de journées.

Nous allons étudier successivement ces pièces administratives.

a) SITUATION ADMINISTRATIVE (1). — La situation administrative constate les droits de l'unité pour chaque journée. Elle est établie tous les matins pour la journée précédente.

Elle établit les droits des militaires appartenant à l'unité, des réservistes, des territoriaux et des subsistants d'autres corps.

Pour tous ces militaires, la situation administrative fait ressortir :

1° Numériquement, les droits acquis à l'unité dans la journée; solde de présence (2), haute paye des militaires servant au delà de la durée légale, l'indemnité représentative de pain, les prestations normales éventuelles et diverses au titre de l'alimentation, le nombre de rations pour les vivres en nature.

La perception de ces diverses prestations est effectuée par le capitaine.

Les droits acquis au titre de la masse d'habillement et du chauffage sont également inscrits numériquement.

Toutes ces inscriptions sont portées sur le recto de la situation administrative.

2° Nominativement, les mutations sont inscrites dans deux tableaux distincts selon que :

Elles affectent l'effectif des ayants droit de la veille (3) :

Ou elles n'affectent pas cet effectif.

Ces renseignements sont portés sur le verso de la situation administrative.

NOTA. — Dans le paragraphe « Mutations n'affectant pas l'effectif des présents » sont portées :

1° Pour ordre, les mutations des officiers et sous-officiers à solde mensuelle:

---

(1) Aux armées, la situation de quinzaine remplace la situation journalière (3 juillet 1917).

(2) La situation administrative ne donne que l'effectif des présents. Les militaires qui entrent à l'hôpital après la soupe du matin ont droit à la solde, à la demi-prime de viande, à la demi-prime fixe d'alimentation, à la demi-ration de pain.

(3) La situation établie pour la journée du 3 donne, au verso, les mutations du 2 et est reproduite le 4 au rapport du matin.

2° Les mutations individuelles ouvrant des droits à certaines allocations spéciales. Exemple : admission au régime spécial de l'infirmerie ou cessation de ce régime (militaires à solde journalière), mutations collectives de l'unité ou des fractions de l'unité ;

3° Les mutations des militaires en position d'absence.

Enregistrement de la situation administrative.

Le recto est enregistré à sa date sur la feuille de journée numérique, au tableau III, en des paragraphes distincts pour l'armée active, la réserve et l'armée territoriale.

Le verso est reporté au registre de comptabilité (1re partie, chapitre III) dont il sera parlé plus loin et sur le livret matricule de l'homme, ce qui permet de contrôler le nombre de jours de permission obtenu par lui et de ne pas en dépasser le maximum fixé par la loi.

Que devient la situation administrative ?

La situation administrative, signée et enregistrée, et accompagnée de toutes les pièces justificatives des mutations, passe successivement :

1° Au bureau du major, pour vérification des mutations et mise à jour des répertoires des permissionnaires et des absents à tout autre titre ;

2° Au bureau du trésorier ; celui-ci transcrit le recto de chaque situation administrative sur la feuille de journée qu'il tient contradictoirement pour chaque unité. En outre, il inscrit les mutations des officiers et des sous-officiers à solde mensuelle sur la feuille de journée qui leur est spéciale et sert à constater leurs droits ;

3° Au sous-intendant militaire chargé de la vérification des comptes du corps, qui arrête en toutes lettres, distinctement pour chacune des catégories (militaires de l'active, subsistants, etc.), le total des journées de présence.

Cette vérification se fait à l'aide des pièces justificatives qui, nous l'avons dit, accompagnent les situations administratives et à l'aide de la situation administrative de la veille, que le sous-intendant conserve à cet effet ;

4° La situation, signée par le sous-intendant, est retourné au trésorier.

b) FEUILLE DE JOURNÉE. — La situation administrative ne donne les droits de l'unité que pour une journée, son enregistrement sur la feuille de journées numérique tenue trimestriellement permet de constater, par une simple récapitulation, les droits de l'unité pour une période déterminée, quinzaine (prêt), mois, trimestre, et de faire ressortir, pour cette période, ce qu'on appelle le crédit de l'unité.

Les feuilles de journées sont tenues en double expédition, l'une par le commandant de compagnie, l'autre, pour contrôle, par le trésorier.

Elles sont ouvertes dès le premier jour du trimestre. Les inscriptions y sont portées au jour le jour, au moyen des situations administratives.

La feuille de journées numérique est un registre qui comprend différents tableaux, tous relatifs à la constatation des droits de l'unité aux diverses allocations.

Tableau 1. — Mouvements de l'unité ou des fractions de l'unité, avec l'effectif au départ et le nombre des journées de route. Ce tableau établit les droits à la prime n° 3 pour la troupe, à l'indemnité en marche pour les officiers et sous-officiers à solde mensuelle.

Tableau 2. — Allocations extraordinaires par catégorie, solde, primes et indemnités destinées à l'achat des vivres. On indique la quotité de chacune d'elles, le jour où elle a commencé, celui où elle a cessé, l'autorité qui l'a accordée, le nombre d'hommes, par grade, qui y ont participé, quand l'allocation ne concerne qu'une partie de l'effectif.

Tableau 3. — Feuille de journées numérique. Ce tableau comprend distinctement :

1° L'inscription journalière des droits de l'unité ou de la portion principale de l'unité, reproduction de la situation administrative ;

2° Celles des droits des fractions détachées ;

3° Les augmentations et les diminutions (1) ;

4° La récapitulation des droits de l'unité résultant des inscriptions précédentes ;

5° L'inscription des droits relatifs aux réservistes ;

6° L'inscription des droits relatifs aux hommes de l'armée territoriale.

---

(1) Ces modifications ne peuvent être faites par voie de rectifications, puisque la feuille de journées n'est que la copie de la situation administrative et celle-ci a déjà été arrêtée par le sous-intendant militaire.

L'effectif des présents à inscrire dans chaque colonne doit comprendre, non seulement les hommes appartenant à l'unité administrative, mais encore les subsistants d'autres portions du corps. Les officiers et sous-officiers à solde mensuelle ne figurent que pour les indemnités en nature, s'il y a lieu.

Tableau 4. — Rappel des journées de solde et des indemnités, pour les militaires à solde journalière rengagés ou servant au delà de la journée légale ayant fait mutation.

La solde et les indemnités ne sont pas perçues pour les absents de cette catégorie, mais, lorsque ceux-ci y ont conservé leurs droits (exemple : permission avec solde de présence), elles leur sont rappelées à la cessation de l'absence (1).

Tableau 5. — Décompte en deniers des allocations de solde, vivres et alimentation. On reporte dans ce tableau les journées donnant droit à la solde, qui ressortent aux totaux par grades aux tableaux « 3 » et « 4 ». On y inscrit, en outre, l'effectif des militaires ayant droit à l'indemnité accordée à l'occasion de la fête nationale.

Tableau 6. — Tableau des allocations acquises à l'unité au titre de la masse d'habillement et d'entretien; il présente la conversion en argent des primes acquises au titre de cette masse.

La feuille de journées est arrêtée en toutes lettres à la fin du trimestre, distinctement pour les allocations en deniers ou en nature et pour la masse d'habillement. Elle est signée contradictoirement par le commandant d'unité et par le trésorier.

Dans le cours du trimestre, les feuilles de journées sont vérifiées inopinément par le major et le sous-intendant militaire.

III. — Ressources mises à la disposition de l'unité. Modes de perception. Comptabilité.

Pour satisfaire aux besoins de l'unité, le commandant de compagnie reçoit :

A) Des deniers ;

---

(1) Les militaires à solde journalière servant au delà de la durée légale et qui sont en position d'absence avec solde de présence ont droit, au titre de l'alimentation : 1° à l'indemnité représentative de pain; 2° à la prime fixe; 3° à la prime de viande.

B) Des denrées ;

C) Du matériel.

1. — Perception des deniers.

Composition des prestations en deniers.

Les prestations en deniers perçues par l'unité sont (1) :

1° La solde des caporaux et des soldats de l'unité ;

2° Les hautes payes journalières ;

3° Les primes et indemnités destinées à l'achat des vivres d'ordinaire ;

4° Les indemnités ou primes spéciales (fête nationale, indemnités spéciales à certaines places).

La solde est remise aux militaires pour leur permettre de subvenir à leurs besoins personnels et pour rémunérer leurs services. La haute paye journalière est allouée aux caporaux et soldats liés au service pour une durée supérieure à la durée légale, à partir du commencement de la quatrième année de service militaire ; elle varie avec l'arme et l'ancienneté, elle est payée tous les quinze jours.

La prime est une somme d'argent déterminée, attribuée tous les jours ou périodiquement, et dans certains cas pour un objet bien déterminé.

Perception des deniers.

Le capitaine est chargé de percevoir pour les hommes de troupe de son unité (sous-officiers à solde mensuelle exceptés) :

1° La solde proprement dite ;

2° Les primes et indemnités destinées à l'alimentation qui ressortissent au service de la solde et dont l'ensemble constitue, en langage courant, le prêt.

Tous les quinze jours, le 1er et le 16 de chaque mois, le capitaine les reçoit du trésorier, sur la présentation d'une pièce appelée « feuille de prêt », le trésorier va lui-même, deux fois par mois, chez un agent des finances, chercher les fonds qui lui sont nécessaires.

Le prêt est perçu, en principe, à terme échu, mais il peut

---

(1) Les primes servant à alimenter la masse d'habillement, les indemnités de chauffage ne sont pas perçues par l'unité en deniers. Elles font l'objet d'une comptabilité qui sera étudiée plus loin.

être perçu d'avance, sur l'ordre du conseil d'administration ou du chef de détachement, soit en marche, soit lorsque les ordinaires achètent directement les denrées, car, dans ces deux cas, il faut pouvoir payer les denrées au comptant.

Feuille de prêt.

La feuille de prêt comporte, au recto, un tableau faisant ressortir le décompte par grade, suivant le nombre des journées de présence, des allocations suivantes : solde, primes d'alimentation, et le total de ces allocations. On déduit de ce total le prix des vivres dits remboursables, parce que le remboursement en est fait par les unités à l'État, et on y ajoute le rappel de solde et de haute paye fait aux militaires rengagés, et dont il a été parlé au tableau 4 de la feuille de journées ; elle comporte, au verso, les rappels de solde et de haute paye, avec l'indication numérique des mutations qui les motivent.

La feuille de prêt est vérifiée par le capitaine, qui en certifie le montant en toutes lettres et en donne quittance avec sa signature. Elle est établie à terme échu ou d'avance ; dans ce dernier cas, on se base, pour l'établir, sur l'effectif des présents au jour de son établissement multiplié par 15. Il peut être établi des feuilles de prêt spéciales par suite de l'arrivée inopinée à l'unité d'un détachement de réservistes, par exemple, et une feuille de prêt supplémentaire pour régulariser, en fin de trimestre, les moins-perçus résultant des mutations.

La feuille de prêt est enregistrée au registre de comptabilité (1re partie, chapitre 5).

B. — PERCEPTION DES PRESTATIONS EN NATURE.

Composition des prestations en nature.

Les prestations en nature sont :

a) Les vivres-pain, les vivres-viande, etc. qui, avec les ressources de l'ordinaire, servent à assurer l'alimentation de la troupe.

(Remarquer que les prestations ne peuvent être allouées en même temps que les indemnités représentatives de vivres qui s'y rapportent. Ainsi, la distribution de viande en nature exclut la prime de viande) ;

b) Le tabac ;

c) Le chauffage (sera étudié à part) ;

d) Le droit à l'affranchissement gratuit de deux lettres par mois.

a) VIVRES.

Les vivres sont fournis par le service des subsistances. Ce service a pour objet principal, sous la direction de l'intendance, de pourvoir à l'alimentation des troupes en campagne.

Mais il fonctionne, dès le temps de paix, avec un personnel réduit, et se prépare ainsi au rôle très important qui lui incomberait à la mobilisation.

Ce personnel assure le renouvellement des approvisionnements considérables de denrées constitués pour le cas de mobilisation ; certaines de ces denrées, comme la farine et le sel, sont distribuées aux troupes sous forme de pain ; d'autres (viande de conserve et salée, pain de guerre, sucre et café, etc.), sont mises en distribution dans l'état où elles existent en magasin, quand elles ont atteint le terme de leur durée légale de conservation ; les unes et les autres sont remplacées, dans les approvisionnements, par des denrées similaires de fabrication plus récente.

Ces distributions comprennent donc :

1° Le pain et du pain de guerre à titre gratuit ;

2° De la viande de conserve, salée ou en boîte, en remplacement de la viande (exceptionnellement de la viande fraîche) ;

3° Le sucre, le café, du riz et des légumes secs, lard en bande (exceptionnellement des liquides), du potage salé. Ces vivres sont fournis à titre remboursable.

On appelle ces différentes sortes de denrées « vivres d'administration ».

1° VIVRES-PAIN OU VIVRES GRATUITS (1). Les vivres-pain sont livrés sous trois formes :

Pain ordinaire ou de munition de 1.400 grammes (2), contenant deux rations de 700 grammes et ne se conservant pas.

Pain biscuité de 1.350 grammes, contenant deux rations de 675 grammes et se conservant de quinze à vingt jours.

---

(1) Pendant la guerre, dans le but de faire des économies, l'allocation de pain en nature a été supprimée et remplacée par une indemnité représentative (1ᵉʳ mars 1917).

(2) Ration de temps de paix.

Pain de guerre en galettes de 50 grammes, comprenant 11 galettes à la ration de 550 grammes et se conservant pendant un an.

Les hommes autorisés par le conseil d'administration à vivre individuellement peuvent recevoir une indemnité représentative de pain. Cette indemnité est toujours perçue pour les hommes admis au régime spécial de l'infirmerie.

2° VIVRES-VIANDE DISTRIBUÉS PÉRIODIQUEMENT EN REMPLACEMENT DE LA PRIME DE VIANDE (1). Ces vivres sont livrés sous trois formes :

Bœuf et porc salés en barils, à raison de 300 grammes de bœuf et 240 grammes de porc à la ration ;

Viande de conserve en boîtes métalliques, comprenant plusieurs rations de 200 grammes de viande désossée ;

Aux manœuvres, où l'on se rapproche des conditions de la guerre, viande fraîche (bœuf, vache, mouton), à raison de 350 grammes à la ration.

3° VIVRES REMBOURSABLES. — Ces vivres consistent en riz, légumes secs (haricots), lard en bande, boîtes de potage salé, sucre, café et, exceptionnellement, liquides.

Perception des vivres de garnison.

Le capitaine est chargé de la perception des prestations en nature de son unité.

1° VIVRES-PAIN. — Le pain est perçu sur bons établis par le capitaine tous les jours. Les bons sont établis d'après l'effectif prévu pour le jour de la consommation (tableau 3 des feuilles de journées) et en tenant compte, s'il y a lieu, du pain non consommé la veille.

L'enregistrement de ces bons (nombre de rations perçues) se fait au registre de comptabilité (chapitre V).

Le pain est touché, pour l'ensemble du corps, à la manutention militaire ou chez l'entrepreneur désigné, par un capitaine aux distributions, sur la présentation d'un bon établi par le trésorier par récapitulation des bons fournis par les unités.

Les approvisionnements de pain de guerre sont mis en con-

---

(1) Comme pour le pain, dans le but de faire des économies, l'allocation de viande en nature a été, pendant la guerre, supprimée et remplacée par une indemnité représentative (1er mars 1917).

sommation, à raison d'une distribution par semaine, jusqu'à épuisement de la quantité à consommer. Le pain de guerre est consommé en remplacement du pain ordinaire ou comme pain de soupe.

2° VIVRES-VIANDE. — Les vivres-viande (viande de conserve et porc salé) sont distribués aux corps de troupe dans les conditions suivantes :

Le général commandant le corps d'armée arrête chaque année le nombre de rations à percevoir par corps de troupe ; le chef de corps fixe la perception par unité administrative et par mois ; le capitaine commandant perçoit à volonté, de manière à pouvoir varier l'alimentation tout en consommant, dans le mois, la quantité imposée.

La viande de conserve est perçue, au début de chaque mois, pour l'ensemble du corps, sur présentation, par le capitaine aux distributions, d'un bon de corps établi par le trésorier ; le bœuf et le porc salés sont touchés, aux dates indiquées par le chef de corps, dans les mêmes conditions.

La viande de conserve ainsi que le porc et le bœuf salés sont transportés au magasin de la Commission des ordinaires, où ils restent en dépôt à la disposition des commandants d'unité qui les perçoivent à volonté, dans le mois, au fur et à mesure de leurs besoins.

Le bon est touché par le caporal d'ordinaire ; la conserve est transportée dans un local attenant aux cuisines, où les boîtes sont ouvertes une heure au plus avant leur emploi, en présence de l'officier de distribution des vivres d'ordinaire et d'un médecin ; les boîtes suspectes sont remplacées. Il ne doit jamais être consommé de conserve en été ni au repas du soir.

Les bons des unités sont adressés au lieutenant secrétaire de la Commission des ordinaires qui assure la distribution.

Ces bons, qui correspondent à un nombre exact de boîtes, sont inscrits aux feuilles de journées pour constituer les droits de l'unité à la viande en nature et, par différence, les droits à la prime de viande.

Ces bons sont enregistrés au registre de comptabilité (1re partie, chapitre V).

3° VIVRES REMBOURSABLES. — Les vivres remboursables sont perçus pour les hommes de troupe dans les conditions suivantes :

Le général commandant le corps d'armée arrête, pour chaque

corps, la quantité minimum à percevoir. Le riz, les haricots, le lard en bandes, les liquides, les boîtes de potage sont perçus d'avance, d'après les ordres donnés par le chef de corps, en exécution de ceux du général commandant de corps d'armée, le premier jour de chaque prêt, et déposés dans les magasins de la Commission des ordinaires, qui les répartit immédiatement entre les unités, d'après l'importance des bons qu'elles ont fourni au trésorier le dernier jour du prêt pour le prêt suivant, celles-ci les consomment à volonté.

Pour le sucre et le café, il n'y a pas de fixation à atteindre ; le capitaine en perçoit toutes quantités utiles à l'unité.

Les bons de vivres remboursables sont enregistrés au registre de comptabilité (1re partie, chapitre V) et également au livret d'ordinaire à la page des « dépenses ».

Fonctionnement du service en route, à l'intérieur
et aux manœuvres.

1° A L'INTÉRIEUR. — Le pain, ne pouvant être livré par l'Administration dans tous les gîtes d'étape, n'est pas perçu en nature ; l'indemnité représentative de pain est allouée à tous.

Un certain nombre de rations de conserve peuvent être emportées dans les sacs.

Le sucre et le café perçus au départ à titre remboursable, pour la période de route, sont emportés sur les voitures.

Le prêt est perçu d'avance. L'ordinaire assure l'achat de toutes les denrées.

2° AUX MANŒUVRES. — En général, on cherche, aux manœuvres, à faire fonctionner, en tout ou en partie, le service des subsistances organisé pour le temps de guerre.

Le pain, la viande sont fournis en nature.

Les vivres de conserve (deux jours de pain de guerre, viande de conserve, sucre et café, potage salé) sont constitués avant le départ, emportés dans des sacs et consommés quand l'ordre en est donné. Le sucre et le café continuent à être touchés à titre remboursable.

Le prêt est perçu d'avance. L'ordinaire assure l'achat de toutes les denrées utiles ; il ne fait plus recette que de la prime fixe, éventuelle n° 3 ou 4.

Les denrées fournies par le service des subsistances sont distribuées aux unités par l'officier d'approvisionnement du corps au train régimentaire.

b) TABAC.

PERCEPTION ET DISTRIBUTION DU TABAC. — Les hommes de troupe fumeurs ont droit à un paquet de 100 grammes de tabac de cantine tous les dix jours, moyennant un versement de 0 fr. 40.

Les unités fournissent, les 6, 16 et 26 de chaque mois, un état numérique des fumeurs, pour permettre à la direction des contributions indirectes du département de préparer la distribution, et les 1er, 11 et 21, un bon collectif de tabac qui est enregistré au registre de comptabilité (1re partie, chapitre V).

Le bon collectif est présenté, par un sous-officier de l'unité, au débitant désigné qui délivre le nombre de paquets de tabac porté au bon, contre payement de 0 fr. 40 par paquet.

Les paquets sont distribués, à la caserne, aux militaires fumeurs, contre retenue de 0 fr. 40 sous la surveillance de l'officier de semaine qui fait rompre, séance tenante, par chacun des ayants droit, la vignette du paquet, afin d'éviter le trafic du tabac.

Les bons de tabac sont également enregistrés au registre de comptabilité (chapitre V).

c) CHAUFFAGE.

Les allocations et perceptions de chauffage seront étudiées en fin de cours, avec le service du chauffage et de l'éclairage.

d) TIMBRES-POSTE MILITAIRES.

En temps de paix, chaque homme de troupe a droit de faire partir, deux fois par mois, en franchise pour la France et les colonies, une lettre d'un poids maximun de 20 grammes.

La lettre est remise à un sous-officier de la compagnie désigné par le capitaine.

Un carnet de contrôle nominatif et annuel est tenu par ce sous-officier.

C. — PERCEPTION DU MATÉRIEL.

Le matériel qui est nécessaire aux unités est fourni par le magasin du corps soit gratuitement, soit à titre remboursable.

Les différents mouvements de distributions ou réintégrations se font au moyen des «bons de distributions» ou de «bulletins de réintégration», signés par le capitaine et visés par le major.

Pour le matériel gratuit, ces bons sont dits « bons non décomptés ». Pour les effets d'habillement à titre remboursable, le bon est dit « bon mensuel décompté ».

Les différents mouvements sont inscrits, par ordre de dates aux différentes sections ou subdivisions du registre de comptabilité (2ᵉ partie).

Registre de comptabilité.

Ce registre sert à enregistrer les différentes perceptions que nous venons d'énumérer en deniers, vivres et matériel.

Il comprend trois parties brochées séparément.

La première partie (trimestrielle) est destinée :

1º A l'enregistrement journalier de la situation et des mutations des hommes et des chevaux. L'effectif est enregistré tel qu'il est fourni par la situation-rapport (1), c'est-à-dire sans distinction entre les catégories de solde, mais avec l'effectif des absents et sa décomposition par motif d'absence (chapitres Iᵉʳ et II) ;

Quant aux mutations journalières, elles sont relevées sur la situation administrative et inscrites nominativement (chapitres III et IV) ;

2º A l'enregistrement journalier des prestations en nature et en deniers perçues par l'unité (chapitre V).

La première partie du registre de comptabilité est arrêtée dans les cinq jours qui suivent la fin du trimestre. Elle est certifiée par le commandant d'unité, envoyée au trésorier qui la

---

(1) SITUATION-RAPPORT. — La situation-rapport est établie tous les jours dans les unités administratives ; c'est une pièce de commandement destinée à fournir à l'autorité supérieure le nombre des présents et des absents, avec l'indication des positions dans lesquelles se trouvent ces derniers. Elle fait ressortir le nombre des présents disponibles pour le service et les motifs d'indisponibilité des autres ; elle contient, en outre, des renseignements sur les événements survenus dans les vingt-quatre heures.

Après avoir été signée par le capitaine et enregistrée au registre de comptabilité (chapitre Iᵉʳ), elle est remise au commandant du groupe, qui l'annote, s'il y a lieu, donne son avis sur les demandes et les punitions et l'envoie au commandant du groupe de service, qui est chargé de la présenter au rapport ; elle sert à l'établissement des rapports journaliers à fournir au général de brigade et au commandant d'armée.

Les situations-rapports des unités sont conservées dans les archives par le trésorier, qui s'en sert pour mettre à jour, le 1ᵉʳ de chaque mois, son registre d'effectif ; ce registre permet de suivre les variations de l'effectif général du corps en hommes et en chevaux.

Les punitions qui figurent sur la situation-rapport sont enregistrées sur le livret matricule de l'homme.

rapproche de ses écritures et y inscrit la mention « collationnée » et la renvoie à l'unité en signalant, s'il y a lieu, les
redressements nécessaires; elle est alors soumise au visa du
major et retournée à l'unité.

La deuxième partie (annuelle) concerne les mouvements
du matériel de l'Etat et des masses mis gratuitement à la disposition de l'unité. Le matériel y est classé en deux chapitres.
Dans le premier (matériel appartenant à l'Etat), il existe autant
de sections que de services spéciaux (santé, habillement et
campement, remonte générale, harnachement, artillerie et
équipages militaires, génie et écoles). Le chapitre II (matériel
au compte des masses) comprend six subdivisions correspondant à chacune des masses du corps. La deuxième partie du
registre de comptabilité mentionne le résultat des recense-
ments effectués; elle est collationnée trimestriellement par
l'officier chargé du matériel et l'adjudant-chef chargé du
casernement, certifiée en fin d'année par le commandant de
l'unité et visée par le major, après vérification de la balance
des diverses sections ou subdivisions par l'officier chargé du
matériel.

La troisième partie (annuelle), cahier d'enregistrement, a
pour but de conserver l'enregistrement journalier de tous les
faits de gestion. Elle comporte les renseignements qui peuvent
être nécessaires à la justification ultérieure de l'emploi des
deniers et matières mis à la disposition du commandant de
l'unité, et qui ne figurent pas ailleurs, comme par exemple :
la liste des militaires admis au régime spécial de l'infirmerie,
le détail des bulletins de réparations ou d'imputations, la liste
des militaires détenteurs de fournitures de couchage en
dehors du casernement, les bons de matières et d'objets de
consommation au compte du fonds particulier, et tous autres
renseignements d'ordre administratif dont le capitaine juge
utile de conserver la trace.

Certifiée, en fin d'année, par le commandant de compagnie,
la troisième partie est soumise au visa du major.

Le registre de comptabilité est conservé un an dans les
archives de l'unité; il est ensuite versé aux archives du
corps.

Régularisation des perceptions.

Il est nécessaire que le commandant d'unité administrative
établisse périodiquement la balance de ses droits et de ses

perceptions en deniers et en nature, pour en déduire ses trop ou ses moins-perçus et régler ses comptes avec le corps; cette opération se fait en fin de trimestre.

Les allocations sont données au capitaine par la feuille de journées au tableau 5; les perceptions, par le registre de comptabilité, chapitre V, 1re partie. La balance se fait au chapitre V, 1re partie, du registre de comptabilité, en reportant les allocations au-dessous des totaux relatifs aux perceptions de même nature; on en déduit les trop ou moins-perçus.

Perceptions en deniers. — La comparaison des allocations et des perceptions en deniers se fait, en outre, sur un état comparatif certifié contradictoirement par le capitaine et le trésorier auquel il est remis. Les moins-perçus sont remis au commandant d'unité sans écritures; les trop-perçus lui sont imputés, et il les reverse immédiatement et également sans écritures.

Perceptions en nature. — En ce qui concerne les perceptions en nature, les trop ou les moins-perçus sont reportés de trimestre en trimestre et réglés par le trésorier en fin d'année.

Les trop-perçus engagent la responsabilité pécuniaire du capitaine commandant l'unité administrative, sauf cependant les trop-perçus en vivres-viande, qui sont considérés comme vivres remboursables et, par suite, payés par les ordinaires.

Les moins-perçus en pain sont acquis pour moitié aux ordinaires, l'autre moitié revenant à l'Etat.

Les moins-perçus en viande fraîche sont acquis à l'Etat.

Les quantités de conserves perçues en moins des fixations du général commandant le corps d'armée sont imposées aux unités intéressées à titre remboursable.

Les moins-perçus en fourrage sont acquis à l'Etat, mais, dans le règlement des comptes, les compensations sont admises.

IV. — Emploi des ressources.

A. — Prestations en deniers.

Le prêt est perçu chez le trésorier (sous la responsabilité du capitaine) par le sergent-major ou maréchal des logis chef, dûment autorisé par le capitaine lui-même (1).

---

(1) Le capitaine doit percevoir en « timbres-épargne » la somme représentant les versements à effectuer au livret d'épargne créé par le décret du 2 mars 1919,

Immédiatement après la perception du prêt, le capitaine fait distribuer par le sergent-major aux ayants droit les allocations qui leur reviennent :

1° La solde proprement dite des caporaux, brigadiers et soldats. Les prestations d'alimentation de ces hommes ne leur sont pas payées, mais mises en commun, pour constituer l'ordinaire de l'unité, destiné à assurer leur nourriture;

2° La totalité des prestations en argent et les indemnités représentatives de vivres des militaires autorisés par le conseil d'administration à vivre individuellement.

C'est ce qu'on appelle ordinairement le prêt franc;

3° Les mêmes prestations, à l'exclusion de l'indemnité représentative de pain aux hommes autorisés, par le chef de corps, à vivre à la cantine (1), dans certains cas particuliers, pour raison de santé notamment. Le pain leur est fourni en nature;

4° La solde et les prestations d'alimentation dues aux sous-officiers à solde journalière;

5° Les hautes payes journalières.

6° Le montant, à verser à la masse de l'infirmerie, des indemnités acquises aux hommes admis au régime spécial.

Le sergent-major ou maréchal des logis chef paye le prêt aux sous-officiers à solde journalière, en leur retenant, toutefois, le prix du café qu'ils prennent à l'unité, et, si tel est l'ordre du chef de corps, la somme nécessaire pour acquitter le prix de leur pension. Ils remettent aux chefs d'escouade ce qui revient comme solde à leurs hommes.

Le capitaine est, en principe, responsable des détournements ou pertes de l'argent du prêt, depuis le moment de sa perception jusqu'à celui où il fait la remise des sommes à répartir aux sous-officiers, caporaux ou brigadiers et soldats.

B. — PRESTATIONS EN DENIERS ET EN NATURE DU SERVICE DE L'ALIMENTATION.

(Voir : *Ordinaires*.)

---

c'est-à-dire, en principe, la moitié des augmentations de solde prévues par le décret du 2 décembre 1918, pour les militaires à solde journalière, tant aux armées qu'à l'intérieur. En outre, le capitaine a la faculté de se constituer une réserve de timbres-épargne acquis sur les fonds de l'ordinaire, de manière à n'être jamais gêné en cas de versement facultatif.

(1) Ne pas confondre ces militaires avec ceux qui peuvent obtenir la permission de ne pas assister aux repas.

C. — Matériel.

Le capitaine règle l'emploi et l'affectation de tout le materiel confié à l'unité. Il en assure la garde et l'entretien. Lorsque le matériel est hors d'usage, il le soumet au conseil d'administration, pour être classé H. S., et le réintègre au magasin du corps.

Les pertes, mises hors de service et dégradations du matériel provenant de la faute des hommes sont à la charge de la masse d'habillement (fonds particulier). Elles donnent lieu à l'établissement de bulletins nominatifs d'imputation, certifiés par le capitaine et l'officier chargé du matériel et approuvés par le major.

Lorsque les pertes ou dégradations résultent d'événements de force majeure ou du fait des réservistes ou des territoriaux, elles sont supportées par l'Etat. Le commandant de compagnie établit tout de suite un rapport relatant les circonstances dans lesquelles l'incident s'est produit. Ce rapport, après visa du chef de bataillon et du conseil d'administration, est soumis au sous-intendant, qui, après contrôle, établit un procès-verbal décompté.

CHAPITRE II.

L'alimentation en temps de paix.

Ressources. — Exécution du service. — Comptabilité.

Ressources.

Les ressources dont les corps disposent pour assurer, en temps de paix, l'alimentation des hommes de troupe sont de deux sortes :

A) Ressources en nature (matériel et denrées).
B) Prestations en deniers.

A. — RESSOURCES EN NATURE.

Ces ressources sont les suivantes :

1° Les fourneaux de cuisine, accessoires, fours à rôtir, percolateurs, fournis gratuitement par l'Etat, au titre du service du chauffage et de l'éclairage, le combustible nécessaire fourni par la masse de chauffage et d'éclairage ;

2° Les ustensiles de cuisine n'allant pas au feu, la vaisselle, le petit matériel de réfectoire, les effets des cuisiniers, fournis par la masse d'habillement ;

3° L'ameublement mobile des cuis'nes et réfectoires, fourni par la masse de couchage et d'habillement, le mobilier fixé au mur étant fourni gratuitement par l'Etat, au titre du service du casernement ;

4° Les prestations en nature (vivres d'administration fournis par le service des subsistances : vivres-pain, vivres-viande, petits vivres).

B. — PRESTATIONS EN DENIERS.

Les prestations en deniers sont calculées d'après les besoins individuels de l'homme de troupe. Elles sont dénommées « primes journalières ».

Certaines sont allouées normalement pour toute journée donnant droit à la solde de présence, d'autres peuvent éventuellement s'y ajouter. Des indemnités spéciales pour cherté de vie ou à l'occasion de la fête nationale complètent ces primes.

Toutes ces prestations font l'objet d'un chapitre spécial du budget, elles sont perçues par le service de la solde et doivent être exclusivement employées à l'achat des vivres et liquides.

Les prestations en deniers sont :

1° La *prime fixe d'alimentation,* destinée à acheter les denrées autres que la viande et le pain de repas, et fixée à 0 fr. 34.

2° La *prime de viande,* variable suivant les garnisons, mais calculée sur le prix de revient de la ration de viande fraîche fixée à 320 grammes. Elle est due, pour chaque journée de présence, lorsque la viande n'est pas fournie en nature.

3° Les *primes éventuelles,* allouées dans certaines circonstances :

Prime n° 1, pour épidémie (achat de boissons hygiéniques, amélioration de l'ordinaire) ;

Prime n° 2, quand la prime n° 1 est insuffisante ;

Prime n° 3, pour marches et manœuvres à l'intérieur ;

Prime n° 4, pour marches et manœuvres alpines.

Les primes éventuelles sont accordées par les généraux commandants de corps d'armée, dans les circonstances où elles ne sont pas dues de droit.

4° Les *prestations diverses :*

Indemnités à l'occasion de la fête nationale ;

Indemnités spéciales pour cherté de vie, variables avec les places.

Toutes ces primes et indemnités sont perçues par l'unité sur la feuille de prêt, elles sont versées à l'ordinaire pour les militaires qui y vivent, elles sont payées à ceux qui sont autorisés à les percevoir (exemple : sous-officiers, hommes admis à vivre au prêt franc...).

Elles ne sont pas perçues, en principe, pour les militaires en position d'absence ; toutefois, les militaires rengagés ne touchant pas la solde mensuelle, ont droit, à leur retour, au rappel de l'indemnité de pain, de la prime fixe et de la prime de viande, lorsqu'ils sont en position d'absence avec solde de présence.

Fonctionnement du service d'alimentation en station.

Afin de vivre le mieux possible et au meilleur marché, toutes les ressources concernant l'alimentation sont mises en commun.

Cette mise en commun constitue ce qu'on appelle un « ordinaire ».

Il est formé, en principe, un ordinaire par unité administrative. Si le chef de corps y voit un avantage, ou si l'effectif descend au-dessous d'une limite fixée, deux ou plusieurs unités administratives du même groupe peuvent être réunies pour former un seul ordinaire.

L'ordinaire est géré par le commandant de l'unité administrative, sous la surveillance du chef de corps et du chef de bataillon.

Indépendamment des avantages résultant déjà, au point de vue des frais généraux, de la mise en commun des ressources d'alimentation, il y a lieu d'assurer au mieux l'emploi et la gestion de ces ressources.

Cette tâche incombe à la fois au corps et à l'unité formant ordinaire.

Nous allons examiner les moyens d'exécution employés pour atteindre ce but.

1° Dans le corps;

2° Dans l'unité formant ordinaire.

I. — Fonctionnement du service dans le corps.

En application du principe de nourrir les hommes le mieux possible et au meilleur marché, le corps doit :

A) Vérifier avec soin la qualité et la quantité des vivres, d'où :

Surveillance des distributions,

Répression des fraudes.

B) Organiser dans les corps un système d'achat permettant de pourvoir les ordinaires de bonnes denrées au meilleur prix, d'où :

Commission des ordinaires.

C) Exercer une police rigoureuse des cuisines et veiller au dressage des cuisiniers.

Distributions des vivres d'administration.

A. Vivres-pain. — La distribution aux unités est surveillée par un capitaine dit de « distribution administrative » et commandé par semaine ; elle a lieu à la manutention militaire ou chez l'entrepreneur désigné.

Dans les détachements et en cas de besoin, la distribution peut être surveillée par un lieutenant ou un sous-lieutenant.

L'officier de distribution administrative s'assure de la *qualité et du poids* des rations, il consigne son avis sur un *cahier de visite.*

S'il soupçonne une fraude, il agit comme il est dit plus loin.

Si, hors le cas de fraude, les rations livrées sont défectueuses, il arrête la distribution et en exige d'autres. Si satisfaction ne lui est pas donnée, il rend compte au major et la contestation est portée devant une commission spéciale.

Pour vérifier le poids des rations de pain, il procède à trois pesées, l'une au début des distributions, l'autre au milieu et la troisième à la fin. Chaque pesée comporte 25 pains, soit 50 rations ; si le poids moyen de la ration est inférieur au poids normal, le capitaine fait ajouter le poids de pain nécessaire pour compléter la distribution.

Exemple : distribution de 1.200 rations de pain à 700 grammes (1).

1° Pesée 31 kgr.400, soit $314 \times 2 = 628$ gr. à la ration.

2° Pesée 32 kgr.300, soit $323 \times 2 = 646$ gr. à la ration.

3° Pesée 37 kgr.500, soit $375 \times 2 = 750$ gr. à la ration.

Il manque donc, en moyenne, $72 + 54 - 50 = 76$ grammes pour trois rations, soit 25 gr. 33 par ration, il doit être ajouté à la distribution :

25 gr. $33 \times 1.200 = 30$ kgr. 400 de pain à répartir entre les ayants droit.

En cas d'excédent de poids, au contraire, le corps en eût bénéficié.

La distribution effectuée, l'officier remet à l'agent de l'administration le *bon du corps* qu'il a reçu du trésorier.

B. Viande de conserve. — Au début de chaque mois, la Com-

---

(1) Taux du temps de paix.

mission des ordinaires perçoit la viande de conserve au magasin administratif et place dans ses locaux la consommation mensuelle du corps. Cette perception est faite par les soins de l'officier de semaine de la Commission, dit « officier de distribution d'ordinaire », qui examine notamment l'état extérieur des boîtes de conserve et refuse celles qui présentent un bombement simultané des deux couvercles, indice de fermentation; s'il y a contestation, l'officier rend compte au président de la Commission des ordinaires; le cas est porté devant une commission spéciale.

C. VIVRES REMBOURSABLES. — Au début de chaque prêt, tous les dix jours, la commission des ordinaires perçoit les vivres remboursables au magasin administratif, et les distribue immédiatement aux unités, ces opérations sont faites par les soins de l'officier de distribution d'ordinaires, qui s'assure de la qualité et de la quantité des denrées.

S'il soupçonne une fraude, il agit comme il est dit plus loin.

S'il y a contestation, il rend compte au président de la commission des ordinaires; le cas est porté devant une commission spéciale.

Répression des fraudes.

Il y a fraude sur la denrée lorsque le fournisseur présente à l'officier de distribution :

a) Ou une denrée de composition ou en teneur de principes utiles différente des conditions portées au cahier des charges ;

b) Ou une denrée d'espèce ou d'origine différentes de celles formellement indiquées au cahier des charges ;

c) Ou une denrée falsifiée, corrompue ou toxique.

Il y a fraude dans la pesée :

d) Si le fournisseur emploie des instruments défectueux ou faussés ;

e) Ou s'il use de manœuvres dolosives au cours de pesées faites avec des instruments exacts.

Conduite à tenir par l'officier de distributions.

Les prescriptions suivantes s'appliquent indistinctement aux distributions de vivres d'administration et de vivres d'ordinaire.

1º Fraude sur la denrée (1). — Si l'officier des distributions soupçonne une fraude, il peut, dans les cas *a*) et *b*), outre le refus de la livraison, provoquer l'action pénale ; il est tenu de la provoquer dans le cas *c*).

Pour provoquer l'action pénale, il faut établir la *preuve de la fraude*; à cet effet, l'officier de distributions saisit (2) une certaine quantité de denrées pour la faire analyser ; c'est ce qu'on appelle procéder au prélèvement (3).

Cette opération est faite sur place, *en présence du fournisseur ou de son représentant*, convoqué à bref délai ; si le fournisseur ne répond pas, ou s'il ne demande pas, pour le cas de force majeure, un ajournement très prochain, il est passé outre.

Le prélèvement comporte, sur chaque denrée, la prise de *quatre échantillons*, autant que possible identiques, lesquels sont mis *sous étiquettes scellées* (4) et envoyés dans les vingt-quatre heures à la préfecture, accompagnés d'un procès-verbal (5), dressé séance tenante par l'officier de distributions.

Après l'analyse, l'action pénale est intentée par le procureur de la République, s'il y a lieu.

2º Fraude dans la pesée. — Ces fraudes sont assez fréquentes, on a observé de nombreux faits tels que les suivants :

a) Poids dépourvus de leur plomb d'ajustage ;

b) Présence simultanée, dans le local de distribution, de deux bascules, l'une juste, l'autre fausse ; emploi de cette dernière quand le fournisseur pouvait tromper la surveillance de l'officier de distributions;

c) Petite masse de plomb placée subrepticement, au moment de la pesée, à l'extrémité du bras du levier de la romaine du pont-bascule ; pesée faussée au détriment du corps ;

---

(1) Consulter les instructions ministérielles des 2 mai, 19 mai et 12 juin 1908 (*Bulletin officiel*, P. R., 1ᵉʳ semestre).

(2) Dans le cas de vivres d'administration touchés dans une manutention militaire, l'officier de distribution avise l'officier d'administration gestionnaire, qui fait lui-même le prélèvement si la chose est encore utile (le délit de fraude se prescrit par trois ans).

(3) Ne pas confondre ces prélèvements avec les prises d'essai que les chefs de corps et de détachements doivent faire fréquemment sur les denrées, afin de se renseigner par analyse sur leur qualité : ces prises d'essai sont faites en dehors de l'intervention des fournisseurs et ne peuvent donner lieu à l'action pénale.

(4) Des étiquettes de scellés et des modèles de procès-verbaux sont déposés, dans les lieux de distributions.

(5) Consulter la circulaire du 30 juin 1903 (*Bulletin officiel*, P. R. page 1185).

d) Contrepoids fixe du pont-bascule rendu frauduleuse-
ment mobile et déplacé d'un coup de coude durant la pesée ;

e) Chargement d'une voiture à deux roues fait très en
arrière et serrage énergique de la sous-ventrière du cheval au
moment de la pesée, qui s'augmentait ainsi d'une partie du
poids de l'animal.

Ces exemples prouvent que l'officier de distributions doit
avoir, à ce sujet, une attention sans cesse en éveil ; avant
toute chose, *il vérifie le poinçonnage de l'instrument et des
poids* (1) ; *il vérifie l'équilibre à vide avant et après la pesée ;
il ne perd pas de vue l'instrument.*

S'il découvre une fraude, *il est tenu de provoquer l'action
pénale* ; pour cela :

Si la fraude est manifeste (défaut du poinçon annuel sur la
balance et les poids, défaut d'équilibre sur l'instrument à
vide, traces de manœuvres dolosives), l'officier de distributions le fait constater sur l'heure par un officier de police judiciaire (maire, adjoint, commissaire de police, officiers de gendarmerie, gardes champêtres) ou par le vérificateur des poids
et mesures, qui verbalise et poursuit le délinquant ; au cas
où cette constatation ne pourrait avoir lieu pour une raison
quelconque, l'officier de distributions recueillerait les témoi-
gnages signés de toutes les personnes présentes ou prendrait
acte de leur refus de témo'gner, et joindrait ces pièces à la
plainte qu'il adresserait, par l'intermédiaire du chef de corps,
au procureur de la République.

Si la fraude n'est pas manifeste, l'officier de distributions
fera recommencer la pesée au plus tôt, avec un instrument
éprouvé, en présence du fournisseur auquel il aura donné les
moyens de s'assurer que la livraison n'a pas été changée ; en
cas de refus du fournisseur d'assister à l'opération, il y serait
procédé sans désemparer, devant témoins dont les assertions
signées seraient recueillies ; si la nouvelle pesée rend la fraude
évidente, le cas revient au précédent.

Commission des ordinaires.

Afin d'obtenir de meilleurs prix, toutes les fois que cela est
possible, les achats de denrées nécessaires à l'alimentation des

---

(1) Le poinçon varie chaque année, c'est une lettre de l'alphabet ; cette lettre
doit être affichée d'une manière apparente dans les locaux de distribution.

hommes sont faits en gros, ordinairement pour tout le corps ou le détachement, par une commission dite Commission des ordinaires.

Cette commission, après avoir acheté et reçu les denrées, les cède au prix coûtant aux ordinaires du corps ou détachement.

COMPOSITION DE LA COMMISSION DES ORDINAIRES.— La Commission se compose de :

1° Par *régiment* : 1 chef de bataillon, président; 4 capitaines, membres; 1 lieutenant, secrétaire, et 1 médecin (le vétérinaire dans la cavalerie), n'ayant que voix consultative.

2° Par *bataillon formant corps* et par *détachement comptant au moins quatre officiers* : 1 capitaine, président; 2 lieutenants, membres; 1 lieutenant, secrétaire, et 1 médecin n'ayant que voix consultative.

GESTION DE LA COMMISSION. — La Commission peut opérer de deux façons :

1° *Fourniture simple (ou à l'entreprise)*. — Les fournisseurs livrent directement les denrées aux ordinaires; mais la Commission, traitant au nom des ordinaires du corps, passe pour eux des marchés plus avantageux que ceux qu'ils pourraient obtenir isolément, veille à la bonne exécution de ces marchés et en contrôle les distributions.

2° *Gestion directe*. — La Commission livre directement les denrées aux ordinaires, elle achète en gros en son nom propre par marchés ou directement ; elle emmagasine, manutentionne et distribue les denrées aux ordinaires au fur et à mesure des demandes.

Les deux modes peuvent être employés concurremment; mais la fourniture simple, plus commode, est généralement usitée.

MODES D'ACHATS PAR LA COMMISSION. — En principe, les fournitures de denrées dont l'achat incombe aux Commissions des ordinaires sont faites en exécution de marchés.

Qand il doit en résulter une réelle économie, le chef de corps peut autoriser la Commission à procéder par achats directs (achats à la halle, au producteur, ou même achats sur simple facture en gros ou demi-gros...). Pour le poisson, en particulier, le règlement conseille des achats directs dans les ports de pêche.

RÉCEPTIONS ET DISTRIBUTIONS. — La réception des denrées est faite tous les jours, par l'officier de distributions d'ordinaire.

Cet officier s'assure de la *qualité* (1) et de la *quantité* des denrées délivrées ; il consigne son avis sur un *registre visité* (2).

S'il soupçonne une fraude, il agit comme il est dit plus loin.

S'il y a contestation sur la fourniture, il rend compte au président, qui convoque la Commission des ordinaires ; celle-ci prononce sur le refus ou l'acceptation.

Des *précautions particulières* sont prises pour la réception de la *viande de boucherie* ; deux cas sont à considérer :

a) *Livraison faite par quartiers entiers.* — Dans ce cas, *la viande est inspectée à l'abattoir*, par un vétérinaire ou un médecin militaire et revêtue d'une estampille en forme de bande, suivant la plus grande dimension du quartier ; elle est conduite *immédiatement de l'abattoir à la caserne, sans arrêt*, sous la surveillance d'un gradé qui, ayant assisté à l'estampillage, ne la perd pas de vue ; un *certificat d'inspection* permettant de la reconnaître est remis, sous pli fermé, au gradé susdit, à destination de l'officier de distributions d'ordinaire.

Celui-ci ne met les quartiers en distribution qu'après avoir reconnu la viande d'après le certificat d'inspection et avoir vérifié l'estampillage, qui doit être très apparent.

Les quartiers ne doivent être débités qu'à la scie et au couteau.

Si la viande inspectée à l'abattoir n'est pas transportée à la caserne aussitôt après l'estampillage, comme il vient d'être dit, il est procédé comme dans le cas *b*).

b) *Livraison faite par morceaux débités.* — Dans ce cas, *la viande est inspectée à la caserne*, par un vétérinaire ou un médecin militaire, et la distribution suit aussitôt.

Dans les deux cas *a*) et *b*), si, au cours de la distribution, l'officier relève quelque indice de l'altération de la fourniture, il en rend compte au président de la Commission des ordinaires et avise le vétérinaire ou le médecin militaire.

L'officier de distributions d'ordinaire ne doit s'éloigner qu'après achèvement complet de la distribution aux parties

---

(1) Consulter le cahier des charges des marchés et le *Bulletin officiel*, édition méthodique, n° 7, pages 110 et suivantes.

(2) Les commandants d'unités formant ordinaires peuvent consigner au registre de visite, les observations qu'ils ont à formuler ; ce registre est émargé chaque semaine par le chef de corps.

prenantes ; chaque unité formant ordinaire est à son tour servie la première.

Police des cuisines.

Il est commandé chaque jour un caporal de planton aux cuisines et au percolateur ; ce gradé veille à la stricte exécution des consignes affichées dans les locaux, en particulier à la propreté et à l'ordre.

Une propreté méticuleuse est indispensable pour que les aliments soient appétissants; les locaux et le matériel doivent être nettoyés avec soin aussi souvent qu'il est nécessaire; les cuisiniers sont pourvus d'effets propres, sont astreints à la propreté corporelle la plus rigoureuse et ne doivent toucher à la viande et aux autres aliments qu'après s'être lavé les mains.

Dressage des cuisiniers.

Un cuisinier de profession est désigné pour remplir, par cuisine ou groupe de cuisines voisines servant à plusieurs unités, les fonctions de cuisinier-chef. Il guide et forme les cuisiniers des unités ; il peut recevoir, sur les fonds de l'ordinaire, des mains du trésorier, une indemnité journalière fixée par le corps et ne dépassant pas 0 fr. 75.

Il porte un tablier et une toque en toile blanche.

II. — Dans l'unité formant ordinaire.

Le capitaine commandant gère l'ordinaire. Il est pécuniairement responsable de l'emploi régulier des fonds, qui sont exclusivement réservés à l'alimentation.

Il se procure les denrées suivant les ordres du chef de corps soit à la Commission des ordinaires, soit en passant des marchés avec les fournisseurs, soit par achats de gré à gré ; il s'ingénie à améliorer l'alimentation, tout en ménageant les dépenses de manière à conserver, pour des cas imprévus, un excédent de recettes que l'on nomme boni (1).

Il vérifie le livret d'ordinaire, registre dans lequel se tient la comptabilité spéciale de l'ordinaire.

Le plus ancien lieutenant a la surveillance directe de l'ordinaire.

---

(1) Le boni ne doit jamais descendre au-dessous de 1 franc par homme de l'effectif de mobilisation, afin de permettre, à ce moment, l'achat des repas froids entrant dans la composition des vivres de chemin de fer.

Quand il y a achat de gré à gré, le lieutenant d'ordinaire en suit tous les détails.

Il s'assure que le sergent-major inscrit chaque jour, sur le livret d'ordinaire, les dépenses de la journée ; que les achats de gré à gré sont payés comptant et que les fournisseurs ont donné quittance sur le livret.

Il vérifie et arrête le livret le premier jour de chaque prêt, avant de le faire présenter au capitaine.

Il passe chaque jour dans les cuisines et s'assure :

1° De la propreté des cuisiniers, des locaux et des ustensiles ;

2° De la bonne préparation des aliments ;

3° De leur égale répartition.

Le *sergent-major* tient le livret d'ordinaire, il y fait, au jour le jour, l'inscription des recettes et des dépenses.

Il reçoit et fait exécuter les ordres du capitaine concernant l'alimentation.

Le *sergent fourrier* est spécialement chargé de toucher les vivres-pain.

Un caporal (ou brigadier d'ordinaire), nommé par le capitaine pour une période de trois mois au plus, *est chargé de tous les détails du service.*

Il touche, accompagné d'hommes de corvée, les denrées (y compris la viande de conserve et les vivres remboursables) distribuées par les soins de la Commission d'ordinaire.

Il effectue de même, s'il y a lieu, les achats de gré à gré et reçoit, à cet effet, l'argent nécessaire des mains du sergent-major ; tout arrangement illicite avec les fournisseurs entraîne sa comparution devant un conseil de guerre.

Le caporal d'ordinaire est responsable des denrées reçues par lui et de leur bonne préparation.

Il assure la propreté des cuisines, des accessoires et du matériel.

Il veille à l'égale répartition des aliments, il fait conserver chauds ceux des hommes de service et de corvée et fait mettre de côté la gamelle des détenus.

Dans chaque unité formant ordinaire, un homme est désigné (1) pour remplir les fonctions de cuisinier, durant six

---

(1) Pris de préférence parmi les cuisiniers professionnels, ou, à défaut, parmi les charcutiers, pâtissiers, aubergistes. etc., et, autant que possible, parmi les hommes du service auxiliaire que l'on n'est pas tenu de relever à la fin du trimestre, comme les hommes du service armé.

mois consécutifs au maximum. Il est secondé par un aide cuisinier qui est relevé tous les 15 jours.

Le cuisinier est responsable de l'entretien et de la propreté du matériel, des ustensiles et effets de cuisine, ainsi que du lavage de la vaisselle immédiatement après chaque repas. Il peut recevoir, sur les fonds de l'ordinaire, une indemnité journalière fixée par le capitaine et ne dépassant pas 0 fr. 50.

Un ou plusieurs soldats sont également désignés par le chef de corps pour la préparation du café, au moyen des percolateurs.

Les cuisiniers et aides cuisiniers portent une toque et un tablier en toile bleue; les hommes chargés des percolateurs, un tablier et une toque en toile cachou.

Comptabilité.

La comptabilité de l'alimentation dans l'unité administrative comprend deux parties distinctes :

L'une est relative aux vivres d'administration (vivres-pain, vivres-viande, vivres remboursables). Elle est tenue par le fourrier, à la feuille de journées et au registre de comptabilité. Nous l'avons étudiée précédemment.

L'autre est relative aux vivres de l'ordinaire achetés, en complément des vivres d'administration, sur les fonds de l'ordinaire, et accessoirement au matériel mis à la disposition de l'ordinaire au titre des diverses masses. Elle est tenue par le sergent-major. Nous allons l'étudier.

COMPTABILITÉ RELATIVE AUX FONDS DE L'ORDINAIRE.

La comptabilité de l'ordinaire dans l'unité se résume :

1° A l'établissement des bons ;

2° A la tenue du livret d'ordinaire.

I. — *Établissement des bons.*

Il existe, dans le volume 7 du *Bulletin officiel* (édition méthodique, pages 94, 129, 138 et suivantes) et dans le volume 7 *bis*, des renseignements précis sur les quantités de denrées nécessaires pour certaines préparations culinaires ; d'autre part, la ration de viande est fixée à 320 grammes, celle du poisson à 125 grammes par repas, celle des légumes à 1.200 grammes environ par jour, les légumes secs étant comptés pour le quadruple de leur poids réel ; enfin, le menu à approuver donne l'indication des denrées à acheter. Le commandant d'unité a donc les renseignements nécessaires à l'établissement du bon d'ordinaire. Il lui suffira de multiplier le taux de la ration par le nombre d'hommes qui doivent assister au repas correspondant au bon, et qu'on obtient en déduisant de l'effectif vivant à l'ordinaire les absents probables, les malades à l'infirmerie au régime spécial, les permissionnaires de « la soupe ». Il devra, naturellement, tenir compte des denrées en réserve à la cuisine.

II. — *Livret d'ordinaire.*

Le livret d'ordinaire présente quatre inventaires du matériel mis à la disposition de l'ordinaire, des pages de recettes et dépenses, un contrôle des caporaux ou brigadiers et des soldats autorisés à ne pas vivre à l'ordinaire, et un tableau des dépôts et retraits de boni.

a) INVENTAIRES. — 1º Matériel au compte de la masse de *casernement* ;

2º Matériel au compte de la masse d'*habillement ;*

3º Matériel au compte de la masse de *chauffage et d'éclairage* ;

4º Matériel au compte de la masse de *couchage et d'ameublement.*

Ces inventaires, tenus au jour le jour, indiquent *les mises hors de service, les remplacements,* etc... et les *prises en charge* des caporaux d'ordinaire *successifs.*

b) CONTROLE DES CAPORAUX OU BRIGADIERS ET SOLDATS AUTORISÉS A NE PAS VIVRE A L'ORDINAIRE. — Cette autorisation ne peut être accordée que par le chef de corps, dans certains cas particuliers, notamment pour raisons de santé, sur la proposition du médecin-chef de service.

Il faut distinguer ces hommes autorisés à ne pas vivre à l'ordinaire de ceux autorisés à vivre individuellement (sous-officiers, caporaux et brigadiers fourriers, caporaux et soldats rengagés, ordonnances nourris chez leurs officiers, etc...), les uns et les autres ne vivent pas à l'ordinaire et reçoivent du capitaine les prestations d'alimentation en deniers, mais les derniers reçoivent, en plus, l'indemnité représentative au lieu du pain en nature.

c) TABLEAU DES DÉPOTS ET RETRAITS DE BONI. — Le chef de

corps fixe le montant du boni à laisser pour les besoins courants entre les mains des capitaines ; le surplus est versé obligatoirement, le 1er de chaque mois, ou facultativement à une date quelconque, chez le trésorier ; en cas de besoin le capitaine effectue un retrait. Ces mouvements sont constatés à leur date et certifiés contradictoirement par le capitaine et le trésorier.

d) PAGES DES RECETTES ET DÉPENSES. — La page gauche contient l'enregistrement des recettes contenues dans six tableaux tracés, ou à la suite de ces tableaux, avec une justification dans la colonne « Observations ».

TABLEAU I. — Enregistrement journalier des journées d'ordinaire, obtenu en déduisant de l'effectif des présents, copié sur une feuille de journées, l'effectif ne vivant pas à l'ordinaire, pris sur le contrôle spécial qui figure à la fin du livret, et le total des primes fixes auxquelles ces journées donnent droit pour la période du prêt.

TABLEAU II. — Primes de viande perçues pour les hommes de l'unité qui y ont droit, pour chaque jour de prêt et total de ces primes (le nombre des primes en deniers et des rations en nature, pour une même journée, doit reproduire l'effectif des présents).

TABLEAU III. — Primes éventuelles pour chaque homme présent à l'unité.

TABLEAU IV. — Versement fait par les hommes ne vivant pas à l'ordinaire et qui prennent le café.

TABLEAU V. — Indemnité en remplacement de pain, pour les hommes admis au régime spécial.

TABLEAU VI. — Solde des militaires punis de prison, aucune retenue ne peut actuellement être faite.

Toute autre recette ayant son origine en dehors de l'unité doit être constatée par l'émargement du débiteur ou du trésorier.

La page droite doit être consacrée aux dépenses dans l'ordre suivant : comptes du boulanger, du charcutier, du boucher, du maraîcher, de l'épicier, du marchand de vins, réglés par l'intermédiaire de la Commission, puis achats de gré à gré, payement à l'infirmerie, au cuisinier et pour les vivres remboursables. L'inscription des dépenses faites par l'intermédiaire de la Commission est certifiée par le lieutenant secrétaire de la Commission, celle des vivres remboursables par le trésorier, celle du versement fait à l'infirmerie par le médecin-major. Les fournisseurs émargent pour quittance des achats de gré à gré; il peut être prescrit, d'ailleurs, que tous les payements auront lieu chez le trésorier. Les dépenses peuvent, pour un même prêt, occuper plusieurs pages successives.

La balance des recettes et dépenses, faite au bas de la page des recettes, fait ressortir le boni ; le livret indique là fraction conservée par le capitaine et celle qui est déposée dans la caisse du corps.

Vérification du livret d'ordinaire.

Pour faire une vérification absolument rigoureuse du livret d'ordinaire, on doit s'assurer :

1° Qu'il n'y a eu ni lavage ni grattage ; on regarde, pour cela les feuillets par transparence ;

2° Que les reports sont bien conformes aux chiffres originaux ;

3° Que les distributions de conserve sont bien inscrites sur la feuille de journées aux tableaux 2 et 3 et au registre de comptabilité (chapitre 5, 1re partie); on consulte, pour cela, l'ordre relatif à la distribution de la viande de conserve ;

4° Qu'il n'a pas été perçu, à la fois, de viande fraîche et de conserve, ni de prime de viande et de rations en nature faisant double emploi ;

5° Qu'il y a concordance entre les effectifs figurant aux feuilles de journées et ceux qui sont inscrits aux tableaux 1 et 2 du livret d'ordinaire ;

6° Que l'effectif des hommes ne vivant pas à l'ordinaire est bien exact ; on se reporte, à cet effet, au contrôle qui figure à la fin du livret et à la colonne 2 du tableau 3 de la feuille de journées en ce qui concerne les sous-officiers ;

7° Que l'effectif des hommes qui font un versement pour le café est bien conforme à celui qui est indiqué nominativement au tableau 7 de la 3e partie du registre de comptabilité ;

8° Que l'effectif des hommes vivant au régime spécial à l'infirmerie est conforme à celui du tableau 1 du même registre, 3e partie, et aux mêmes indications du cahier de visite médicale ;

9° Qu'il n'a pas été oublié de produits provenant des issues en manœuvres, aux camps, etc., des primes éventuelles ;

10° Que toutes les inscriptions, tous les calculs sont exacts ;

11° Que le cuisinier a touché son indemnité ;

12° Que le menu a été suivi ; qu'il a été tenu compte des variations d'effectif dans l'établissement des bons ; que le taux des rations a été observé ; que les distributions inscrites ont bien été faites ; qu'il n'y a pas double emploi de dépenses dans des prêts différents ;

13° Que les quantités de denrées sont bien celles que le capitaine a voulu faire acheter ; on compare pour cela les perceptions aux souches des bons qu'il est d'usage de conserver dans les unités ;

14° Que tous les émargements existent et sont authentiques.

CONSEILS PRATIQUES POUR LA GESTION D'UN ORDINAIRE.

Etant admise l'importance de l'alimentation du soldat, la tâche d'un officier chargé de la direction d'un ordinaire peut, en ces temps de « vie chère », se trouver particulièrement difficile.

S'il fait, d'une part, le total des sommes allouées journellement par l'Etat et, d'autre part, le prix de revient normal de la ration journalière, au tarif des marchés passés par la Commission des ordinaires, il lui arrive souvent d'obtenir un résultat négatif. Les ressources semblent insuffisantes et, pourtant, il faudra « étaler » quand même. Comment ? C'est ce que nous allons examiner rapidement.

I. — *Les ressources de l'ordinaire.*

Nous distinguerons, si vous voulez :

1° Les recettes ;
2° Le boni.

I. Les recettes. — Les recettes, qui correspondent aux fonds courants du règlement, sont caractérisées par une entrée réelle de deniers ou, exceptionnellement, de matières (exploitation), deniers et matières qui viennent augmenter l'avoir de l'ordinaire.

Elles peuvent, à leur tour, se répartir en quatre catégories :

1° Les allocations ;

2° Les remboursements ;

3° Les retenues ;

4° Les profits.

1° *Les allocations.* — Elles sont constituées par les différentes primes :

Prime de viande, valeur de 350 grammes au prix du marché ou à celui du tarif de remboursement. Variable. (*Viande congelée.*)

Indemnité de pain, qui, maintenant, n'est plus allouée en nature, d'où source d'économie possible et plus grande (*moins perçus*).

Indemnité de boisson, qui peut servir aussi à autre chose.

Prime fixe, destinée à couvrir les dépenses courantes, achat de légumes, de condiments et menues dépenses.

Enfin les *primes éventuelles* et les *indemnités spéciales,* que vous connaissez bien.

2° *Les remboursements.* — Catégorie de recettes dont le nom précise suffisamment le caractère. Il faut citer :

a) Le versement fait à l'ordinaire par tout homme qui, ne vivant pas à l'ordinaire, y prend néanmoins le café ;

b) Le remboursement des repas pris à l'ordinaire par les hommes des autres unités.

Ces recettes sont à suivre de très près, car si leur taux est mal établi ou si leur rentrée n'est pas surveillée assez, il peut en résulter, pour l'ordinaire, des pertes importantes.

3° *Les retenues.* — Elles peuvent provenir :

De pénalités infligées aux fournisseurs pour manquement aux clauses de leur contrat et dont la quotité est prévue dans ce contrat.

Eventuellement de prélèvements sur les produits de travaux effectués par les hommes de l'unité.

4° *Les profits.* — Les profits sont les véritables aubaines que l'ordinaire tire :

Des secours qui lui sont accordés ;

Des dons qui peuvent lui être faits ;

De la récupération des issues de toutes espèces ;

De l'exploitation des jardins potagers, clapiers, porcheries, etc...

Nous reviendrons sur ces recettes d'ordre spécial quand nous examinerons la formation du boni.

II. Le boni. — Le boni est la deuxième subdivision que nous avons admise dans les ressources de l'ordinaire. Ce sont celles qui, constituées par l'excédent des recettes sur les dépenses, augmentent l'avoir de l'ordinaire sans que lui correspondent d'entrées réelles de deniers. Ce sont, en somme, des « économies », d'où le nom de « fonds d'économie », qui est aussi donné au boni par le règlement.

Destiné, avant tout, à améliorer l'ordinaire dans les circonstances exceptionnelles et difficiles, le boni subit fatalement, dans les unités normalement gérées, des fluctuations périodiques. Une courbe qui traduirait graphiquement ces fluctuations présenterait trois maxima, les uns aux environs de l'arrivée de la jeune classe ; l'autre, plus élevé, au moment des manœuvres d'automne et trois minima, les uns à l'issue de la période d'acclimatation des recrues et l'autre, plus bas, au retour des manœuvres.

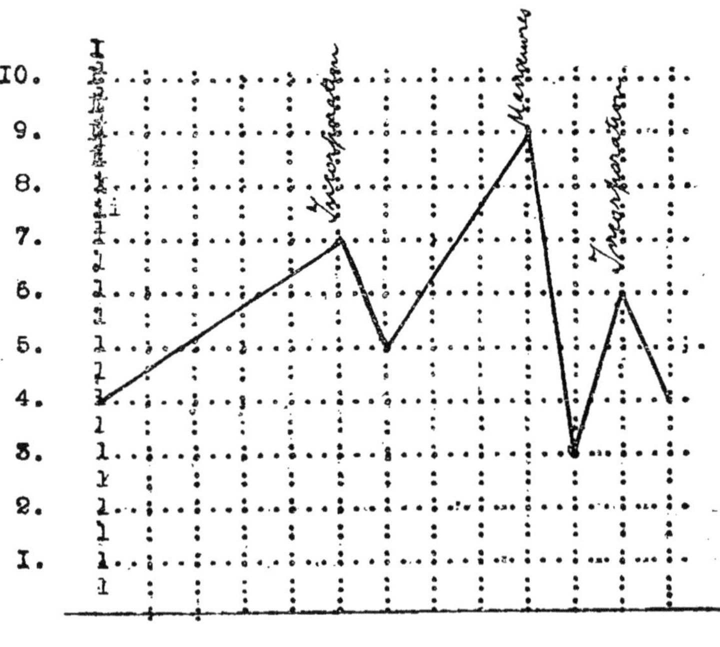

Ce système de représentation graphique par unité est, pour le chef de corps, le meilleur moyen de suivre facilement les variations des bonis et d'exercer sur leur formation la surveillance étroite qui lui incombe. C'est à lui aussi qu'il appartient de fixer le *taux maximum du boni par homme*, qui peut être conservé par le commandant de l'unité et au delà duquel, le 1er de chaque mois, le boni doit être déposé dans la caisse du corps, d'où il est ensuite retiré au fur et à mesure des besoins.

L'importance du boni, à laquelle aucune limite n'est fixée, n'est pas le seul critérium d'une bonne gestion ; il faut encore s'assurer — et c'est là un des devoirs primordiaux du chef de corps et des officiers supérieurs — que l'accroissement constaté ne résulte pas d'économies exagérées, qui se traduiraient par des restrictions dommageables à la santé des hommes.

Un bon commandant d'unité doit savoir être économe ou prodigue, suivant les nécessités du moment ; il ne doit jamais être avare. De ces principes découlent les directives qui peuvent servir de base à l'établissement du boni :

1° Atténuation des dépenses ;

2° Augmentation des recettes.

L'atténuation des dépenses résultera d'une bonne gestion et aussi des abandons volontaires.

La bonne gestion se résume dans une organisation économique des achats et dans une préparation méthodique des aliments.

Les abandons volontaires sont, dans certaines garnisons, une véritable *mine de boni*, à condition, toutefois, qu'ils soient prévus et les perceptions réduites en conséquence.

Les augmentations de recettes sont constituées, en somme, par les recettes groupées dans la 4e catégorie sous le nom de profits. Ce sont :

Les secours qui proviennent des prélèvements effectués sur les bonis florissants, pour venir en aide aux bonis moins prospères. Ils peuvent être faits dans le C. A. pour rétablir l'équilibre entre les garnisons plus ou moins favorisées, soit, dans l'intérieur du corps, pour compenser les dépenses anormales qui auraient été à supporter exceptionnellement par certaines unités. Des circulaires prévoient qu'aucun prélèvement ne peut être effectué sur les bonis ne dépassant pas 5 francs par homme et qu'ils ne doivent, en principe, être demandés que par les unités dont le boni est tombé au-dessous de 3 francs par homme.

Les dons que l'ordinaire peut être autorisé à recevoir.

Les récupérations consistent à tirer parti des issues ou déchets d'ordinaire impropres à l'alimentation humaine.

L'emploi des déchets propres à l'alimentation relève de l'art d'utiliser les restes et trouvera sa place à la préparation des aliments.

On récupère, pour les mettre en vente, les os, les viandes, les graisses ou déchets variés et pollués (engrais), les boîtes de conserve et les emballages vides, les peaux de lapins, etc...

Les déchets de pain de guerre, débris de pain et de légumes, les eaux grasses peuvent être aussi vendus, pendant la guerre, ils ont été utilisés par l'ordinaire lui-même pour l'engraissement des lapins, des porcs, etc. Ces exploitations, bien gérées, étaient une source de profits considérables, mais l'adoption du service à court terme les interdira de plus en plus.

Les ventes d'issues sont, en principe, faites par la Commission des ordinaires, mais le rendement peut être extrêmement variable, de 1 à 10; il faut éviter absolument la formule « tant par homme et par jour » et adopter de préférence la vente au poids et, là encore, le résultat sera d'autant meilleur que les issues auront été plus étroitement catégorisées.

II. — *Les dépenses de l'ordinaire.*

Tout d'abord, il est nécessaire d'établir ce que nous entendons par dépenses.

L'ordinaire doit pourvoir à la nourriture des hommes, mais seulement à leur nourriture; l'achat de toute denrée non destinée à l'alimentation est rigoureusement interdit.

Le matériel... masses;

Les dépenses autorisées (page : « Dépenses ») sont les dépenses d'alimentation, achat de vivres, les remboursements à d'autres unités, les frais généraux : achat de registres, passation de marchés, indemnités aux cuisiniers, et enfin les prélèvements pour secours à d'autres unités.

Lorsque nous avons parlé de diverses primes, je vous ai indiqué leur but et leur nom. Le taux n'a pas été fixé de façon arbitraire, il a été établi pour permettre de pourvoir l'homme d'une certaine quantité de chaque denrée, quantité qui constitue le taux de la ration.

Au cours d'hygiène, on vous a certainement parlé de la *ration minimum d'entretien*.

Je vous rappelle seulement qu'elle doit fournir :

1° Une quantité suffisante de principes nutritifs utilisables pour l'organisme ;

2° Une quantité suffisante d'énergie (voir tableau).

Le commandant d'unité ne devra jamais perdre de vue ces deux principes.

En 1907-1908, une commission présidée par M. le professeur Armand Gauthier a déterminé ainsi qu'il suit les principes nutritifs nécessaires à l'organisme :

a) 112 à 115 grammes d'*albuminoïdes* ou matières protéiques, qu'on rencontre non seulement dans les aliments d'origine animale (viande, lait, œufs, fromage) mais aussi dans les légumineuses (haricots, lentilles) et dans le pain ;

b) 70 à 72 grammes de *graisses*, sous forme de graisses, de viande, de beurre, de saindoux, de graisse végétale, de margarine ou d'huile ;

c) Enfin 500 à 540 grammes d'*hydrates de carbone*, substances qui englobent les matières sucrées et amylacées et qui dominent dans le pain, le sucre, les légumes secs, les pommes de terre, les fruits et le vin.

ENERGIE. — La même Commission a estimé pouvoir varier de 3.200 à 3.400 calories la quantité d'énergie nécessaire (définition de la calorie).

La calorie étant l'unité adoptée pour caractériser la réserve d'énergie ou valeur énergétique des aliments. Les recherches des chimistes ont établi que l'utilisation et la transformation, dans le corps humain, d'un gramme d'albuminoïdes développe 4,4 calories ; d'un gramme de graisse, 9,4 calories ; d'un gramme d'hydrocarbone, 4,1 calories.

On voit donc que les quantités de principes nutritifs données comme suffisantes développent en moyenne :

Calories

$$112 \text{ à } 115 \text{ gr. d'albuminoïdes} \quad \frac{112 + 115}{2} \times 4,4 = 499,4$$

$$70 \text{ à } 72 \text{ gr. de graisse} \quad \frac{70 + 72}{2} \times 9,4 = 667,4$$

$$500 \text{ à } 540 \text{ gr. d'hydrocarbone} \quad \frac{500 + 540}{2} \times 4,1 = 2.132$$

$$\text{Au total} \quad 3.299$$

Chiffre qui représente, à une calorie près, la moyenne entre 3.200 à 3.400.

Vous concevez, Messieurs, le parti qui peut être tiré de ces deux principes. Il est nécessaire de ne jamais les perdre de vue, mais il faut penser à ce que nous a dit aussi il y a bien longtemps le bonhomme Chrysale : « Je vis de bonne soupe et non de beau langage. »

Nous allons donc essayer de traduire sous forme pratique les résultats scientifiques que nous avons obtenus.

I. — TABLEAU donnant la teneur moyenne en principes nutritifs utilisables, exprimés en *grammes* et la valeur énergétique moyenne exprimée en *calories* de **1** kilogramme des aliments fondamentaux

ALIMENTS.	Albumi-noïdes.	Grais-ses.	Hydro-car-bones.	Calo-ries.	OBSERVATIONS.
	4 C, 4	9 C, 4	4 C, 1		
Pain	69	10	527	2.558	(1) Vermicelle, tapio-ca. macaroni, pâte, riz, farine et pain de soupe (× 4).
Farine et pâte (1).......	81	8	746	3.801	
Poissons...............	129	16	»	718	(2) Moyenne : bœuf (×7), conserve (× 0,5), mouton (× 2). porc (× 0,5).
Viandes (2).............	150	128	»	1.838	
Lard	16	383	»	3.671	(3) Lentilles, haricots, pois, riz (× 2).
Lait	54	37	30	702	(4) Choux, navets, ca-rottes, choucroute, poi-reaux, pommes de terre, oignons (× 4).
Œufs.................	122	104	»	1.474	
Graisses alimentaires...	11	893	»	3.442	(5) Moyenne.
Sucre.................	»	»	969	3.973	
Légumes secs (3)........	141	15	647	3.391	
Légumes verts (4).......	17	2	150	707	
Salades vertes (5).......	10	1	27	164	
Confitures.............	6	»	643	2.664	
Fromage (5)............	233	207	36	3.119	
Fruits (5).............	2	2	118	511	
Vin	»	»	23	94	

II. — TENEUR en principes nutritifs utilisables. — Valeur énergétique et décompte en argent au prix de ... des denrées de la ration type.

ALIMENTS.	QUANTITÉ.	ALBUMINOÏDES	GRAISSES.	HYDROCARBONES.	CALORIES.	PRIX	DÉCOMPTE.
Pain de repas....	0.600	41	6	316	1.535		
Pâtes et pain de soupe...... ...	0.050	4	»	57	190		
Viande..........	0.350	53	43	»	650		
Graisse..........	0.020	traces	18	»	169		
Sucre et café.....	0.011	»	»	10	44		
Légumes secs....	0.060	8	1	39	203		
Légumes verts...	0.700	12	1	105	493		
Condiments et café............	»	»	»	»	»		
Totaux..........		118	71	527	3.286		
Moyennes...........		112	70	530	3.200		
		à	à	à	à		
Nécessaires........		115	72	540	3.400		

Examinons rapidement les aliments rentrant dans la ration type.

LE PAIN. — La quantité moyenne consommée réellement peut se fixer à 600 grammes, plus 50 grammes de pain de soupe ou pâtes, ce qui donnera déjà le tiers des albuminoïdes

$$\frac{(41 + 4)}{112}$$

et plus de la moitié des hydrocarbones

$$\frac{(316 + 57)}{540} = \frac{373}{540}$$

qui nous sont nécessaires.

LA VIANDE ET LES DENRÉES DE SUBSTITUTION. — A la viande et à ses succédanés, nous demanderons les albuminoïdes et la graisse qu'ils nous fournissent abondamment (albuminoïdes $\frac{53}{112}$ et graisse $\frac{45}{72}$. Ici, la quantité nous est imposée par le règlement (350 grammes).

A remarquer que le pain et la viande nous fournissent ensemble la presque totalité des albumoïdes et plus des deux tiers de graisse et des hydrocarbones.

LES LÉGUMES ET LES PETITS VIVRES. — Nous compléterons le nécessaire en graisse par 20 grammes de saindoux ou graisse végétale et nous demanderons aux légumes les 20 grammes d'albuminoïdes et les 150 grammes d'hydrocarbones qui nous manquent encore.

700 grammes de légumes verts et 60 grammes de légumes secs constituent une bonne proportion qui, avec les 11 grammes de sucre contenus dans le café du matin, complète la ration.

Café et condiments n'ont qu'une valeur gustative.

BOISSON. — Quart de vin, aliment moral.

Evaluation. — La question ainsi posée au point de vue théorique, il importe, pour l'officier de compagnie, de la traduire pratiquement, c'est-à-dire de placer dans le tableau II, en face des quantités, la somme correspondante, prix imposés par l'Etat pour les denrées d'administration, prix des marchés pour celles achetées dans le commerce.

Le total, rapproché des ressources de la journée d'alimentation, fera ressortir une différence en plus ou en moins, très probablement en moins dans ces temps de vie chère, et cependant la prime a été bien augmentée.

Si la différence est en moins, il faudra étaler quand même et nous en verrons les moyens tout à l'heure.

Dans tous les cas, pour assurer une bonne gestion, l'officier chargé de l'ordinaire doit établir ce que nous appelons le menu-type hebdomadaire (comme nous avons vu la ration-type).

Pour ce faire, nous ne mettrons pas tout à fait de côté les données scientifiques que nous avons acquises; cependant nous devrons, en première ligne, nous inspirer des goûts du principal intéressé : le consommateur, d'après lesquels nous dresserons la liste d'un certain nombre de préparations.

Cette liste variera avec la localité (ressources), les saisons, le recrutement. Elle n'a pas besoin d'être très étendue.

Une quinzaine de formules de soupes grasses ou maigres;

Deux ou trois préparations de poissons;

Une douzaine de plats de viande avec ou sans légumes ;

Une quinzaine de préparations de légumes secs ;

Cela suffit pour établir des menus appétissants et variés, menus qui ne feront pas succéder le pot-au-feu à la soupe grasse ou au consommé et le bœuf gros sel au bœuf nature.

Il existe, dans la collection du *Bulletin officiel*, un volume, le numéro 7 *bis*, qui a attiré bien des railleries et des sarcasmes; pourtant, Messieurs, c'est lui que je vais recommander à vos études. Ce volume, c'est le *Livre de cuisine militaire*, établi sous les auspices d'un Sous-Secrétaire d'Etat bien connu, et par des professionnels de toute première valeur (M. Marguery).

A la suite de chaque recette, l'ouvrage indique, pour chaque ingrédient entrant dans la composition, la quantité nécessaire pour 100 hommes.

Pour chacun des mets que vous retiendrez, il vous faudra faire un relevé de ces formules, les compléter, en portant en regard le prix suivant les marchés en cours, et vous aurez ainsi le prix de revient de chaque mets pour 100 hommes. Vous constituerez ce que j'appellerai le « barème de l'ordinaire »; vous le compléterez avantageusement en inscrivant en regard (à l'encre rouge) la composition chimique et la valeur énergétique. C'est dans ce barème que nous choisirons lorsqu'il faudra établir le menu, et nous choisirons en tenant compte, d'une part, du prix de revient (fonction argent) et, d'autre part, de la valeur énergétique (fonction travail) à fournir par l'homme ce jour-là.

Et surtout, il nous faudra être économes, dans bien des cas il nous faudra renoncer aux denrées chères : lait, œufs, viande de porc, etc. ; nous les réserverons pour les jours de liesse.

Il faudra surtout *supprimer les perceptions abusives*. Eviter tout gaspillage et toute augmentation anormale des *eaux grasses* qui sont, on l'a souvent dit, « le thermomètre de l'ordinaire ».

Le sergent-major obtiendra d'excellents résultats en faisant établir les bons de distributions par le caporal d'ordinaire, sous une forme analogue à celle que nous avons adoptée pour notre barème qui, du reste, sert de base. Deux nouvelles colonnes sont seulement nécessaires : l'une pour indiquer l'effectif, l'autre le décompte des quantités.

ABANDONS. — Dans certaines garnisons, une grande source d'économies est constituée par ce que nous appellerons les abandons volontaires. Dans les perceptions des denrées, avons-nous dit, l'effectif à nourrir doit être serré de très près ; il est évidemment inutile de percevoir des vivres pour les hommes qui ne devront pas assister aux repas. Donc permission régulière pour tout homme désirant prendre son repas à l'extérieur, et permission qui devra être demandée assez tôt pour qu'il puisse en être tenu compte dans l'établissement des bons, en principe au rapport de la veille ; abus : bons établis trop tôt.

Enfin si, malgré la mise en œuvre de tous ces moyens, le boni, dont bien entendu l'emploi judicieux est envisagé, décroît dans de fortes proportions, il y aura lieu de songer aux remèdes extraordinaires : primes éventuelles spéciales accordées par les généraux commandant les corps d'armée (très rares), et surtout secours (secours nivellement) dans l'intérieur du corps ou, ce qui semble moins juste, dans le corps d'armée ; mais je vous rappelle que ce moyen doit être employé seulement lorsque tous les autres ont été épuisés et seulement lorsque le boni est tombé au-dessous de 3 francs par homme.

III. — *Gestion de l'ordinaire.*

Pour la gestion de l'ordinaire, la question a été traitée dans le précédent chapitre.

La Commission des ordinaires est actuellement obligatoire ; elle fonctionne soit par fourniture simple, soit par gestion directe.

Les marchés et leur passation ne vous intéresseront que plus tard (réglement).

Mais il est une fonction que vous serez appelés demain à remplir, je veux parler de la fonction de l'officier de distribution.

Il faut distinguer :

1° Les denrées d'administration qui sont perçues directement par les unités dans les magasins militaires, lorsque la Commission fonctionne en fourniture simple ;

2° La livraison par le fournisseur, dans le local *ad hoc*, de certaines denrées achetées par la Commission des ordinaires.

Je ne parle pas des denrées achetées directement par les unités, c'est seulement le cas pour les petits détachements, et le règlement indique de façon précise les formalités à remplir.

Je ne vous parlerai pas de la qualité des denrées distribuées. Des théories pratiques vous ont été ou vous seront faites, et cela sort de mes attributions. Je me placerai seulement au point de vue administratif, pour vous indiquer de façon pratique la conduite à tenir en certains cas.

1° DENRÉES D'ADMINISTRATION. — Perçues en dehors de la Commission des ordinaires.

L'officier de distribution *reçoit du major de son corps* le bon de distribution et effectue son service. S'il y a conflit avec le représentant de l'administration, la conduite à tenir est de *prévenir sans retard le major* (compte rendu), qui doit faire le nécessaire (Commission).

2° VIVRES D'ORDINAIRE. — Bon retiré à la Commission des ordinaires; en cas de litige, tentative de fraude, compte rendu au président de la Commission des ordinaires.

Les bons. — Je vous ai indiqué déjà les précautions à prendre dans l'unité pour l'établissement des bons ; il est indispensable d'exiger l'exécution stricte des recommandations faites et surtout de résister à la tendance à établir les bons plusieurs jours à l'avance.

IV. — *Comptabilité de l'ordinaire.*

Voir chapitre précédent.

V. — *La préparation des aliments.*

Examinons maintenant la partie matérielle, le fonctionnement même de la cuisine. Je ne vous parlerai pas de la propreté de la cuisine et de ses annexes. Souvenez-vous seulement que là, encore, il faut prévoir et des visites régulières feront plus qu'une punition même énergique.

A la cuisine, nous trouvons un cuisinier-chef, des cuisiniers tout court et des aides-cuisiniers. Jadis, vous auriez trouvé à la cuisine à peu près régulièrement le troupier le plus sale et le plus ... bête de la compagnie. Une réaction s'est faite, heureusement, et, s'il n'est pas possible de doter tout le monde de professionnels, le choix des commandants d'unités s'exerce, dans la plupart des cas, d'une façon plus heureuse.

Le bon cuisinier. — Croyez-moi, il n'est nullement indispensable d'être un professionnel pour devenir un bon cuisinier militaire, et tout bon soldat peut prétendre à l'emploi pourvu qu'il soit suffisamment intelligent, sain, propre, robuste, travailleur, qu'il sache lire, écrire et compter, et qu'il ait avec tout cela une certaine dose de... gourmandise.

Assez intelligent. — C'est évident, si l'on veut pouvoir le dresser; sain et propre, cela va de soi; l'hygiène et la santé des hommes y sont intéressées; robuste et travailleur; il faudrait ajouter dévoué à la collectivité car c'est un dur métier que celui de cuisinier. Levé tôt, couché tard, il doit être toujours en activité, ne pas craindre le feu... des fourneaux et manœuvrer des marmites qui ne sont pas en aluminium, enfin suffisamment instruit et surtout un tantinet gourmand ... On n'apprend pas la musique à un sourd et la peinture à un aveugle. Je sais bien que vous devez fermer les yeux sur l'inévitable beefsteack ou sur le quart de bon café, mais vous devez vous déclarer satisfait, si aucune denrée ne sort de la cuisine. Et votre tolérance sera peut-être plus efficace que la prime de 50 centimes qui lui est offerte comme rétribution.

Le dressage ne devra pas être précipité; aide-cuisinier, il apprendra la théorie (bouquin), et son chef lui enseignera la pratique; puis, cuisinier en pied, il dressera à son tour son futur remplaçant.

Mais tout ce travail ne sera possible que si tous, dans l'unité, veulent bien y collaborer; caporal d'ordinaire et sergent-major, cela est évident; mais aussi et surtout les officiers. La visite à la cuisine de l'officier ne devra pas être une corvée à faire; il devra s'intéresser à la cuisine, déguster, déguster surtout et savoir trouver le mot qui récompense de l'effort fourni; il lui faudra aussi surveiller la répartition.

Législation et adm.

Le règlement prévoit que l'officier chargé de l'ordinaire assure la répartition des aliments. Il y a deux procédés : ou bien plats préparés pour un nombre d'hommes fixe et tables complétées au réfectoire; ce qui oblige à des remaniements continuels, ou bien plats variables suivant l'effectif de chaque escouade.

Mes préférences vont, je l'avoue, au deuxième système, mais il nécessite une surveillance plus étroite et ne se limitant pas surtout au repas du matin. Il faut aller à la cuisine le soir. Il faut aller au réfectoire. Votre présence seule coupera court à bien des laisser-aller, préviendra bien des fautes. Vous prendrez réellement le contact de votre troupe et acquerrez ainsi la seule supériorité que possédaient vos aînés, la conscience élevée de son devoir qui ne se limite pas à un certain nombre d'heures de service par jour...; plus tard, commandant d'unité, il vous appartiendra de l'inculquer à vos jeunes subordonnés...

CHAPITRE IV.

L'administration en campagne.
L'administration d'un détachement.

Administration en campagne.

En campagne, le rôle de l'administration est toujours de prévoir et de pourvoir. Mais les circonstances imposent une modification, il faut pourvoir coûte que coûte aux différents besoins et cela sans retard (*salus patriæ suprema lex esto*).

Les crédits accordés devront donc être plus élastiques, ils ne seront pas, comme en temps de paix, répartis par chapitres, mais affectés aux besoins collectifs de chaque armée et délégués par le Ministre à l'intendant d'armée qui sous-délègue aux fonctionnaires de l'intendance et aux directeurs des services ordonnateurs secondaires.

Des agents de finances militaires suivent les armées : payeurs généraux, payeurs principaux de corps d'armée et payeurs particuliers divisionnaires apportent les deniers à pied d'œuvre.

Dès la mobilisation, l'état commence à pourvoir en nature aux différents besoins : alimentation, chauffage, éclairage, habillement, harnachement; les masses cessent donc de fonctionner. Exception est faite, cependant, pour la masse d'alimentation (ordinaire) qui voit seulement son fonctionnement modifié. Les autres masses sont remplacées par des perceptions en nature et, dans les dépôts, par une masse générale d'entretien.

FONCTIONNEMENT DU SERVICE.

Nous savons qu'à la mobilisation tout corps de troupe se fractionne en deux éléments : fraction active et dépôt.

Le dépôt. — Je n'entrerai pas dans les détails de l'administration d'un dépôt. Je vous dirai seulement que le dépôt :

1° Administre les hommes dont il a charge, en se conformant aux règles générales d'administration.

2° Il est chargé de l'apurement des comptes de la fraction active, qui lui transmet les renseignements et documents nécessaires (Bureau spécial de comptabilité.)

LA FRACTION ACTIVE. — Elle est administrée par son chef, assisté d'un capitaine faisant fonction de major ayant pour agents :

1° Un officier chargé des détails faisant fonction de trésorier et d'officier chargé du matériel ;

2° Un officier d'approvisionnement pourvoyeur et distributeur de vivres ;

3° Les commandants d'unités administratives.

C'est le fonctionnement des unités administratives que nous examinerons en détail.

UNITÉS ADMINISTRATIVES. — La comptabilité tenue à la portion active se limite au strict nécessaire. La comptabilité « masses » ayant disparu, elle se bornera :

1° A constater journellement ses droits ;

2° A demander strictement : la solde, les denrées et les objets nécessaires ;

3° A noter les perceptions faites et les versements effectués.

Les écritures tenues se réduisent elles aussi au strict nécessaire. Elles comportent seulement un *carnet de comptabilité de campagne* qui est complété par un carnet d'ordinaire.

CONSTATATION DES DROITS. — C'est sur le carnet de comptabilité que nous trouverons la base de la comptabilité, le contrôle nominatif, officiers et troupe (chapitres IV et V).

La situation est établie, chaque matin, d'après les mutations survenues pendant la journée précédente à compter du jour de la mise sur pied de guerre. Elle est établie sur une situation de quinzaine (feuille volante) où les mutations sont nominatives et reportées au chapitre III, mutations numériques seulement.

Cette situation envoyée au dépôt servira à l'établissement, par le bureau spécial de comptabilité, des feuilles de journées de l'unité.

FEUILLE DE PRÊT. — Le capitaine fait établir la *feuille de prêt* tous les quinze jours et *d'avance* à l'aide du chapitre III (procédé). Le montant de la feuille de prêt est enregistré au chapitre VII, paragraphe 1er, du carnet de comptabilité.

Remarquer qu'il n'est touché ni prime de viande, ni indemnité représentative de pain.

Le montant de la feuille de prêt est touché par le sergent-major chez l'officier de détails et apporté au capitaine qui fait payer les ayants droit.

SOLDE MENSUELLE. — La feuille de prêt concerne tous les militaires à solde journalière ; pour ceux à solde mensuelle, le procédé est différent. Ils sont payés par l'officier de détails, à *terme échu* et sur feuille d'émargement individuelle.

DÉLÉGATION. — Tout officier ou sous-officier à solde mensuelle, peut, lorsqu'il est en campagne, déléguer à un tiers le droit de toucher une partie de sa solde (au plus la moitié à la femme, aux ascendants et descendants, au plus un cinquième à toute autre personne).

Le militaire déléguant fait, dès le temps de paix, au conseil d'administration (en campagne à son chef de corps) la déclaration des noms et adresses des délégataires. Inscription en est faite au livret de solde de l'officier de détails. (Procédé d'exécution.)

L'officier de détails déduit sur les états de solde et retient aux intéressés le montant des délégations ; les fonctionnaires de l'intendance des subdivisions de régions où résident les délégataires, établissent, au nom de ceux-ci, des mandats de payement mensuels et à terme échu.

HABILLEMENT ET MATÉRIEL. — Pour ce chapitre encore, la comptabilité est extrêmement réduite. Comme nous l'avons dit les masses sont supprimées, l'Etat pourvoit en nature à tous les besoins.

Le souci du commandant d'unité devra donc être seulement de connaître sa dotation en différents matériels ou effets. Les existants ressortent de la comparaison entre les perceptions et les versements ou déclassements et pertes.

Le chef de corps prononce le classement H. S. des effets de toute nature, sous réserve d'approbation par le sous-intendant militaire qui dresse procès-verbal.

Les mises H. S. et pertes résultant de cas de force majeure sont mentionnées au carnet de comptabilité (chapitre VIII), ainsi que les dates des procès-verbaux et les noms des signataires.

La comptabilité-matières fait l'objet du chapitre IX du carnet de comptabilité.

Alimentation. — Une place à part doit être faite à l'alimentation en campagne. A tous les degrés, l'attention du commandant est attirée sur ce point et le commandant d'unité ne saurait trop s'y intéresser (influence sur le moral... et sur les opérations).

Pendant la période de mobilisation, l'Administration assure la fourniture du pain, du sucre et du café, des fourrages, de l'avoine et des combustibles au moyen des *approvisionnements dits « des vingt jours »*.

La viande et les vivres d'ordinaire continuent à être distribués par les fournisseurs du temps de paix, les cahiers des charges des Commissions des ordinaires, en temps de paix, contiennent à cet effet des clauses spéciales.

Pendant les transports stratégiques, l'alimentation des troupes est assurée :

1° Au moyen de vivres fournis par l'administration militaire dans les *lieux de mobilisation* pour toute la durée du trajet, complétés par :

2° Des repas fournis par l'ordinaire, à raison d'un repas par période de vingt-quatre heures ;

3° Des distributions, dans les haltes-repas, de café froid mélangé d'eau-de-vie.

Les vivres des paragraphes 1° et 2° sont désignés sous la rubrique « **vivres de chemin de fer** ». Ils sont distribués aux hommes au départ de la garnison, puis avant chaque transport.

Sur la base de concentration. A l'arrivée sur la base de concentration, l'alimentation des troupes est assurée par les *vivres de débarquement* emportés au départ (deux jours).

Ces vivres ont pour but de permettre aux services de s'organiser ; ils permettent aussi d'achever la concentration des troupes.

Les vivres de débarquement sont transportés par voitures à la gare d'embarquement, et transportés de même de la gare de débarquement au cantonnement.

Alimentation pendant la période active. — L'alimentation en campagne repose sur trois principes :

1° *Il faut vivre sur le pays et vivre sur l'arrière*, les deux procédés se complètent.

On ne saurait poser, *a priori*, que l'un des deux systèmes devra être exclusivement employé. Tout dépend des circonstances de la nature des opérations et des ressources que présente le pays.

Dans chaque guerre, l'un des deux modes est d'un usage prédominant. Dans la guerre récente, le mode de ravitaillement par l'arrière a été le mode normal. Il n'a pas, toutefois, exclus l'exploitation locale.

La seule règle à poser est la suivante :

Vivre sur le pays comme si l'on n'avait rien à attendre de l'arrière et préparer le ravitaillement par l'arrière, comme si l'on n'avait rien à attendre des pays traversés.

2° *Il faut échelonner les approvisionnements.*

3° Une partie des approvisionnements doit être portée par les troupes (vivres de réserve).

ORGANISATION GÉNÉRALE. — PERSONNEL.

1° Le commandement assure la subsistance (ordre de pourvoir, fixation des rations), oriente le service de l'intendance sur ses intentions, fait échelonner les ressources en temps voulu.

2° L'intendance dirige l'alimentation sous l'autorité du commandement, prescrit les mesures d'exécution propres, veille au maintien des ressources. Le service de l'intendance est dirigé, dans la division d'infanterie, par un sous-intendant.

3° L'officier d'approvisionnement du corps de troupe exécute le service de l'alimentation sous les ordres du chef de corps et sous le contrôle direct et technique du sous-intendant directeur.

ORGANES. — 1° L'unité administrative a été dotée d'une cuisine roulante.

2° Chaque corps de troupe comporte un train régimentaire comprenant une section de distribution, une section de ravitaillement et une section, dite de réserve, destinée à assurer le remplacement immédiat des vivres de réserve consommés, perdus ou détériorés.

3° Le corps de troupe est ravitaillé par les organes divisionnaires qui sont :

a) Groupe d'exploitation (G. E.) avec une gestion des subsistances ;

b) Un troupeau de bétail (T. B.) avec une section R. V. F. automobile.

Les ressources en nature. — Aux armées, l'alimentation est assurée au moyen des prestations en nature, auxquelles viennent s'ajouter des prestations en deniers.

La base des allocations est la ration (normale, forte, réserve); la ration est due à tous les militaires présents aux armées, qu'ils soient à solde mensuelle ou à solde journalière.

Les officiers ont droit aux même allocations que la troupe, proportionnellement au nombre de rations qui leur sont allouées d'après les tarifs.

Les vivres transportés sont :

1º Les vivres de réserve (deux jours), portés, partie par l'homme, partie par la voiture à vivres et à bagages. Le capitaine en est responsable (remplacement partiel);

2º Les vivres régimentaires ou du jour, portés par les cuisines roulantes et les T. R. (deux jours) ;

3º Les vivres du C. V. A. D. divisionnaire (un jour).

Il faut y ajouter pour la guerre de tranchée :

Les vivres des magasins de gare;

Les vivres de secteur;

Les vivres légers pour troupe d'assaut.

Les ressources en deniers. — En principe, l'Etat fournit toutes les denrées en nature, les prestations en deniers ont simplement pour but de permettre aux commandants d'unités de compléter par des achats les rations de vivres perçues.

Ce sont :

1º *La prime fixe.* — Cette prime, dont le taux est uniforme pour tous les grades, est allouée à tous les militaires à solde journalière ayant droit aux vivres en nature, mais n'est pas due aux militaires à solde mensuelle.

2º *La prime spéciale.* — Dans le but de proportionner les rations aux besoins, et, par là, d'éviter le gaspillage, le Ministre a diminué le taux des rations de pain et de viande. En compensation, deux indemnités représentatives de pain et de viande ont été instituées; leur taux est variable comme celui de la prime fixe :

3º *L'indemnité représentative de vivres.*

4º *L'indemnité représentative de tabac.*

5º *L'indemnité représentative d'eau-de-vie.*

EXPLOITATION LOCALE ET RAVITAILLEMENT PAR L'ARRIÈRE.

Les deux moyens ont été employés pendant la guerre, cependant le ravitaillement par l'arrière a été prédominant.

EXPLOITATION LOCALE. — L'instruction du 2 avril 1914 prévoyait la mise en œuvre de deux procédés; l'un, la nourriture par l'habitant n'a pas été employé; il n'est resté que l'exploitation dirigée par le service de l'intendance, et en fait, en 1915, l'exploitation locale est devenue un service divisionnaire.

Elle a lieu par achats directs, donnant lieu à payements immédiats, les réquisitions devant être strictement limitées. (stabilisation des fronts).

RAVITAILLEMENT PAR L'ARRIÈRE. — La station-magasin reçoit les denrées de l'ensemble du territoire et envoie, chaque jour, un train correspondant à l'effectif des rationnaires à la gare régulatrice (ravitaillement automatique).

Celle-ci répartit les denrées ainsi reçues entre les gares de ravitaillement (sous-intendant), qui livrent aux corps de troupe.

Au début de la guerre, le procédé du ravitaillement automatique s'appliquait également à l'envoi journalier de la gare régulatrice. Celle-ci envoyait un train comportant un jour de vivres pour tout l'effectif à ravitailler, en gare de ravitaillement.

Les reliquats étaient envoyés sur la gare régulatrice par la rame descendante.

MAGASIN DE GARE. — L'organisation des magasins de gare a modifié cette façon de procéder; le train journalier (R. Q.) est devenu un train de denrées destinées à compléter le magasin de gare. Ce train est complètement vidé et utilisé pour les évacuations de personnel et de matériel.

La gare régulatrice expédie aux gares de ravitaillement toutes denrées, sauf la viande fraîche, pour laquelle un mode de ravitaillement spécial est utilisé; le bétail sur pied expédié par la station-magasin, aboutit au centre d'abat où fonctionnent en général plusieurs troupeaux de bétail. C'est au centre d'abat que les voitures de la R. V. F. divisionnaire viennent chercher la viande abattue pour la transporter au point de livraison où se fera le contact avec le corps de troupe.

Pour assurer d'une façon certaine l'alimentation, les principes suivants doivent être appliqués :

1° Distribuer chaque jour les vivres pour le lendemain (vivres du jour).

2° Faire suivre les troupes par une première réserve roulante (section de distributions des T. R.).

2° Recompléter chaque jour les organes vidés de la veille au soir (section de ravitaillement des T. R.).

FONCTIONNEMENT DU SERVICE.

UNITÉS. — Chaque unité administrative constitue un ordinaire.

Les indemnités représentatives et primes allouées ont pour but de permettre aux commandants d'unités de faire face à un supplément de fatigues imposées à l'homme et aussi, le cas échéant, de varier la nourriture (boni).

En mars 1917, une instruction nouvelle sur les ordinaires a apporté un principe nouveau : en raison des difficultés économiques entraînées par la prolongation des hostilités, la fourniture automatique des vivres aux unités était remplacée par des allocations en deniers, permettant les achats; le principe de la ration-type était conservé; était ajoutée la participation des troupes aux économies réalisées sur l'alimentation. Le décret du 30 mars 1917 a été appliqué du 1er avril au 30 juin 1917.

COMPTABILITÉ. — Le carnet d'ordinaire renferme toute la comptabilité de l'ordinaire; il permet la justification des recettes et des dépenses.

Il est formellement interdit d'imputer à la comptabilité de l'ordinaire des dépenses n'ayant pas pour objet l'achat de denrées ou de liquides.

VÉRIFICATION. — Tout l'effectif troupe vit à l'ordinaire, il doit donc y avoir une corrélation absolue entre les effectifs inscrits au carnet d'ordinaire et ceux qui figurent sur la situation administrative et le carnet de comptabilité.

S'assurer, en outre, que les versements obligatoires des sous-officiers à solde mensuelle ont été faits régulièrement.

Les dépenses doivent être libellées clairement, décomptées exactement et émargées par les fournisseurs (hommes de corvée).

Le capitaine signe le carnet d'ordinaire et le présente mensuellement à la vérification et au visa du chef de bataillon.

Des dépôts, versements et retraits de boni sont faits comme en temps de paix.

Administration d'un détachement.

DÉTACHEMENT : Six hommes au moins commandés par l'un deux.

Peuvent soit être administrés par la portion centrale, soit s'administrer directement.

Décision du général commandant le corps d'armée.

1° S'il est fraction d'unité : doit constater des droits :

Contrôle nominatif.

Feuilles de journées.

Alimentation. — Livret d'ordinaire.

2° S'administre complètement. Le chef est président du conseil d'administration.

Major.

Trésorier.

Comptable du matériel.

Il est formé une commission des ordinaires : 3 membres, 1 secrétaire.

Santé. — Médecin militaire ou civil commissionné.

Permissions. Punitions.

ADMINISTRATION D'UN DÉTACHEMENT.

On appelle détachement toute fraction d'un corps de troupe composée de six hommes au moins, commandée par l'un d'eux et tenant garnison dans une localité autre que les portions principales ou centrales.

Tout officier pouvant être appelé à un moment quelconque de son existence militaire à exercer un commandement de ce genre, il est essentiel que chacun de nous possède les connaissances nécessaires pour assurer l'administration de sa troupe.

L'administration d'un détachement peut s'effectuer de façons différentes, suivant la distance à laquelle il se trouve de sa garnison normale et la facilité des communications.

Il peut soit faire percevoir les prestations en deniers chez le commandant de la fraction dont il relève ou le trésorier du corps, soit d'administrer séparément.

Le *général commandant le corps d'armée* décide lequel des deux modes sera employé ; nous examinerons successivement chacun d'eux.

I. — *Détachement sans administration distincte.*

Si le détachement est composé d'unités administratives complètes, le chef opère *comme s'il n'était pas détaché*, les sommes nécessaires lui sont envoyées par mandats sur le Trésor, mandats-poste ou lettres chargées.

Si, au contraire, le détachement se compose seulement d'une fraction d'unité administrative, le chef doit tenir une comptabilité spéciale ayant pour but la constatation des droits de ses hommes. Il sera établi un contrôle nominatif et les droits seront enregistrés journellement sur une situation de quinzaine (anciennement de dizaine) qu'il adresse, le dernier jour, au sous-intendant militaire chargé de la vérification des comptes avec les pièces à l'appui et un bulletin indiquant l'effectif au dernier jour. Le sous-intendant militaire renvoie la situation et les pièces à l'appui, dans le délai de trois jours, au chef de détachement qui les transmet aussitôt au commandant de l'unité administrative. Les totaux sont inscrits sur les feuilles de journées.

Les fonds nécessaires sont envoyés par l'unité administrative.

Toutes les mutations sont enregistrées sur le contrôle nominatif.

ALIMENTATION. — Le détachement forme un ordinaire qui s'administre d'après les règles générales.

Le chef tient un *livret d'ordinaire.*

Les droits aux prestations en nature sont satisfaits sur bons signés du chef de détachement. Ces bons sont enregistrés sur un cahier spécial. Lorsqu'il n'existe pas de manutention militaire dans le voisinage, le chef de détachement se crédite de l'indemnité représentative de pain et achète sur place les quantités nécessaires. Il en est de même pour les fourrages qui sont achetés sur place et remboursés au corps.

II. — DÉTACHEMENT AYANT UNE ADMINISTRATION DISTINCTE.

Le chef, qui, dans ce cas, est en pratique toujours un officier, doit assurer de façon complète l'administration de son déta-

chement ; il aura donc à la fois les attributions et les respon—
sabilités :

Du président du conseil d'administration ;

Du major ;

Du trésorier ;

Et des officiers comptables du matériel.

Cependant, comme le détachement n'a pas d'existence propre et qu'il ne lui est pas alloué de crédits spéciaux, il ne peut ni passer de marchés, ni acheter sur simple facture, ni établir d'états de solde sans l'autorisation du conseil d'administration.

PRÉSIDENT DU CONSEIL D'ADMINISTRATION. — Comme président du conseil d'administration, il pourvoit à l'exécution des décisions du conseil concernant le détachement, il est responsable des conséquences de toutes mesures contraires aux règlements qu'il aurait prescrites de sa propre autorité et de celles qu'entraînerait la non-exécution par son ordre des dispositions réglementaires. *Cette responsabilité est pécuniaire* chaque fois qu'il y a préjudice matériel pour l'Etat, le corps (masses) ou les personnes ; dans les autres cas, la *responsabilité disciplinaire* est seule engagée.

MAJOR. — Comme major, il veille à l'exécution des décisions du conseil concernant le détachement, exerce une surveillance permanente sur tous les détails d'administration et de comptabilité (unités administratives). Il signale au conseil les abus et les irrégularités qu'il reconnaît et lui soumet les mesures qui lui semblent utiles à la bonne administration du détachement.

Il vérifie les situations administratives et les transmet au trésorier quand elles ont été arrêtées par le sous-intendant, il notifie par écrit les mutations aux commandants d'unités et notifie également au capitaine chargé du matériel les mouvements de matériel l'intéressant.

Revues trimestrielles.

TRÉSORIER. — Comme trésorier, le chef de détachement tient ou fait tenir, sous sa responsabilité, par un officier de détails, les écritures concernant la comptabilité des deniers ; il rédige toute la correspondance.

Les fonds nécessaires peuvent être soit reçus du conseil

d'administration, soit touchés directement. Dans ce cas, il établit les états de solde, pour les officiers et les sous-officiers à solde mensuelle (double expédition), par mois et à terme échu, par quinzaine et d'avance pour les hommes de troupe. Ces états sont mandatés par le sous-intendant, quittancés par le chef de détachement et présentés à l'agent des finances qui en paye le montant (saisies). La somme payée est inscrite *au livret de solde* du chef de détachement, par l'agent des finances, qui conserve la quittance et transmet la déclaration de quittance au sous-intendant.

Les fonds sont mis dans une caisse placée dans le logement du chef de détachement; s'ils excèdent le montant approximatif des dépenses à faire pendant vingt jours, le surplus est envoyé à la portion centrale.

Solde. — Le chef de détachement ouvre, le premier jour du mois, les *feuilles d'émargement* nécessaires au payement de la solde et des accessoires.

Il délivre les *certificats de cessation de payement.*

Il paye le prêt à la troupe, en retenant les sommes dues aux fournisseurs des ordinaires, il reçoit les dépôts et autorise les retraits de boni, il donne reçu des cautionnements déposés par les fournisseurs.

Comme les trésoriers, il établit et signe les bons d'ensemble des vivres d'administration (pain, viande et fourrage) et les enregistre sur un *registre de distributions* de vivres et fourrages. Il établit et signe les bons d'ensemble de vivres remboursables et en déduit la valeur sur les états de solde.

Masses. — En principe, les masses sont administrées directement par la portion centrale qui perçoit les allocations et envoie le matériel et les fonds nécessaires.

Exception est faite pour la masse de chauffage et éclairage (allocations spéciales au détachement) et pour le produit des fumiers, qu'il perçoit au titre de la masse de harnachement. Les dépenses imputables aux diverses masses sont réglées sur mémoires et quittances fournis au chef de détachement.

Frais de déplacement. — Aux militaires déplacés pour le service, il délivre des feuilles de déplacement et les frais auxquels ils ont droit; ces feuilles de déplacement sont enregistrées dans un registre des déplacements, sur lequel les intéressés émargent.

REGISTRE-JOURNAL. — Le chef de détachement tient un registre-journal des recettes et dépenses, mais il ne s'occupe ni de la liquidation ni de la centralisation assurées par la portion centrale, à laquelle il fournit seulement les renseignements nécessaires avec pièces justificatives.

MATÉRIEL. — Le chef de détachement tient, ou fait tenir sous sa responsabilité, les écritures concernant la comptabilité du matériel appartenant à l'État ou au corps ; il dresse les états destinés à exposer les besoins du détachement.

Des ateliers de détachements peuvent être constitués avec les ouvriers des unités, sous la direction d'un soldat représentant du maître ouvrier (tailleur, cordonnier, armurier).

Le chef de détachement est chargé de tous les détails concernant le service de l'armement et du harnachement, du chauffage et éclairage, du casernement, du couchage et ameublement.

Il tient toute la comptabilité nécessaire.

ORDINAIRES. — Toutes les fois que cela est possible, c'est-à-dire dans tout détachement comptant au moins quatre officiers, il est formé une *Commission des ordinaires*.

La Commission des ordinaires d'un détachement se compose de trois officiers dont le président (qui ne peut être le chef de détachement) et d'un lieutenant secrétaire qui a voix consultative.

Le fonctionnement de cette Commission est le même que celui de la Commission de la portion centrale, à cette seule restriction près que tout marché comporte l'autorisation du conseil d'administration du corps.

La comptabilité tenue par la Commission des ordinaires du détachement ne comporte pas de particularités.

Les registres sont arrêtés et vérifiés mensuellement par la Commission. Les registres de distributions doivent être visés par le président.

SANTÉ. — Le service de santé du détachement est assuré, d'après les ordres donnés par le commandant d'armes, soit par un médecin militaire, soit par un médecin civil commissionné à cet effet.

Si le détachement ne possède pas d'infirmerie, il peut être autorisé à utiliser celle d'un autre corps ou, à défaut, des salles d'un établissement civil.

Il en est de même pour le service d'hospitalisation.

Permissions. — Les chefs de détachement qui sont officiers supérieurs ont, en matière de permissions faisant mutations, les mêmes droits que les chefs de corps ; s'ils ne sont pas officiers supérieurs, ils accordent les permissions dans les limites de la délégation que leur fait celui-ci.

Quel que soit leur grade, ils doivent se conformer aux instructions générales reçues et rendre compte au chef de corps.

Punitions. — Le chef de détachement, s'il est officier supérieur, a les mêmes droits que le colonel en matière de punitions. S'il est officier subalterne, il a les mêmes pouvoirs que le commandant d'unité. S'il est sous-officier ou caporal, les mêmes droits que le sous-lieutenant.

CHARLES-LAVAUZELLE ET Cⁱᵉ. — PARIS, LIMOGES, NANCY. — 1927.

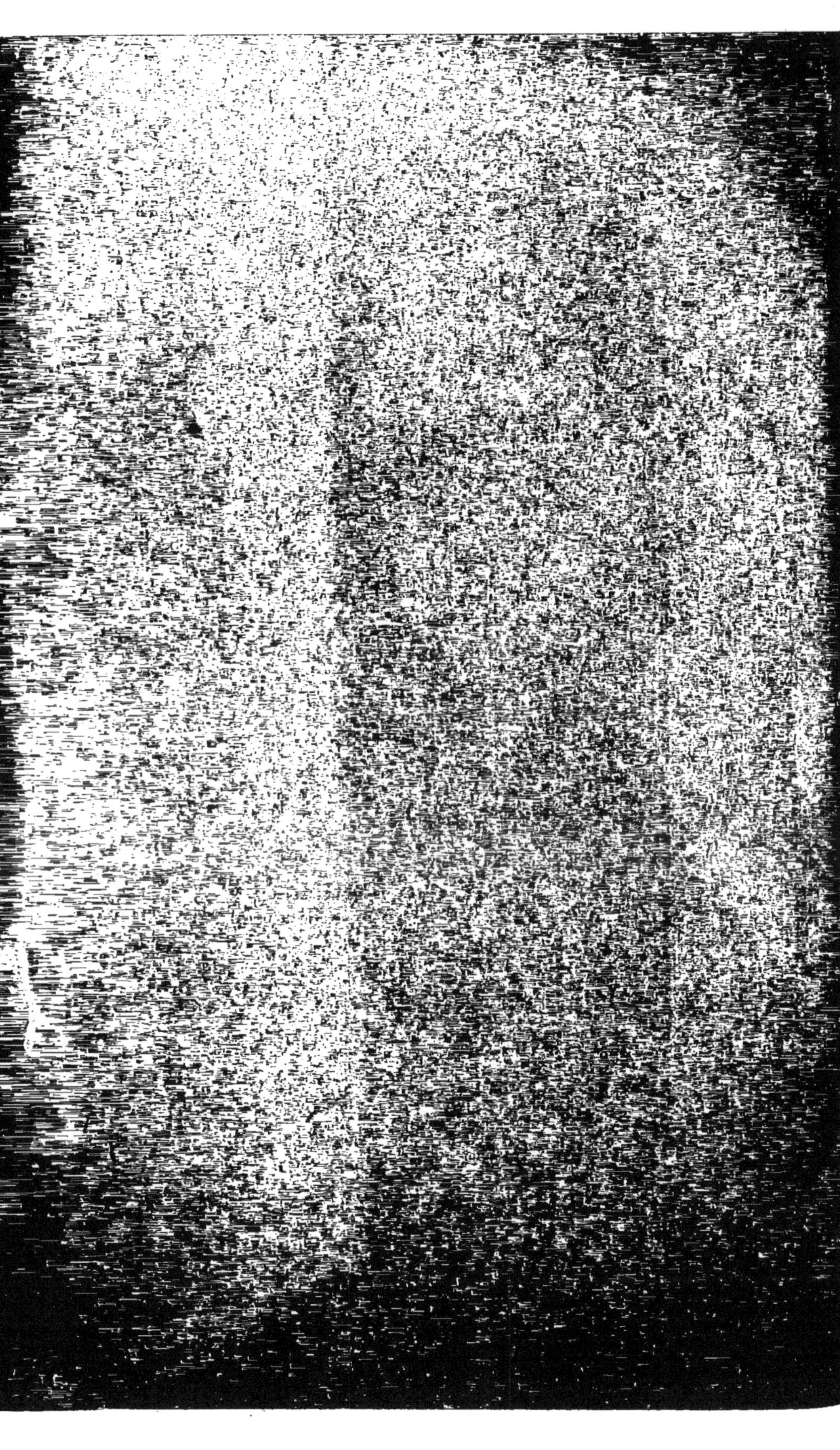

BIBLIOTHEQUE NATIONALE DE FRANCE
3 7502 01033906 9